Silvia Codreanu-Windauer

DER ROMANISCHE SCHMUCKFUSSBODEN IN DER KLOSTERKIRCHE BENEDIKTBEUERN

D1724428

ARBEITSHEFT 36 · BAYERISCHES LANDESAMT FÜR DENKMALPFLEGE

Arbeitshefte des Bayerischen Landesamtes für Denkmalpflege
Herausgegeben von Generalkonservator Prof. Dr. Michael Petzet

Umschlagabbildungen:

Titelseite: Nördliches Arkadenfeld des Benediktbeurer Schmuckfußbodens
mit Darstellungen der Stifteräbte Landfrid, Waldram und Eliland

Umschlagrückseite: Zeichnerische Rekonstruktion des Benediktbeurer Schmuckfußbodens

© 1988 Bayerisches Landesamt für Denkmalpflege, München
Redaktion und Layout: Michael Petzet und York Langenstein

Gesamtherstellung: Lipp GmbH, Graphische Betriebe, Meglingerstraße 60, 8000 München 71
Vertrieb: Verlag Karl M. Lipp, Meglingerstraße 60, 8000 München 71

ISBN 3-87490-910-7

Inhalt

Vorwort

Im Frühjahr 1970 hat der jetzige Inhaber des Lehrstuhls für Archäologie des Mittelalters und der Neuzeit an der Universität Bamberg als Referent für Mittelalter-Archäologie am Bayerischen Landesamt für Denkmalpflege eine Testgrabung in der Klosterkirche Benediktbeuern durchgeführt. Als in dieser Art nicht erwarteter, dafür aber kunstgeschichtlich besonders bedeutender Fund wurden Reste eines figürlich verzierten romanischen Schmuckfußbodens aufgedeckt, die zu einem günstigeren Zeitpunkt sicher eine größere Ausgrabung in der Benediktus-Basilika veranlaßt hätten. Nachforschungen von Pater Dr. Karl Mindera nach Abschluß der offiziellen Untersuchungen zeigten allerdings, daß außer den während der Plangrabungen vermessenen Flächen nur noch wenige größere Fragmente des Bodens erhalten waren.

Alle im Zuge der Untersuchungen festgestellten Befunde sind von Silvia Codreanu-Windauer im Rahmen ihrer Magisterarbeit, der ersten, die am neugegründeten Lehrstuhl für Archäologie des Mittelalters und der Neuzeit in Bamberg 1982 abgeschlossen wurde, analysiert und – soweit möglich – für einen Rekonstruktionsversuch des gesamten Darstellungsprogramms ausgewertet worden.

Daß diese Arbeit nunmehr im Rahmen der Arbeitshefte des Bayerischen Landesamtes für Denkmalpflege erscheint, betrachten wir als Zeichen der guten Zusammenarbeit zwischen dem Bamberger Lehrstuhl und dem Landesamt.

Prof. Dr. Walter Sage   Prof. Dr. Michael Petzet

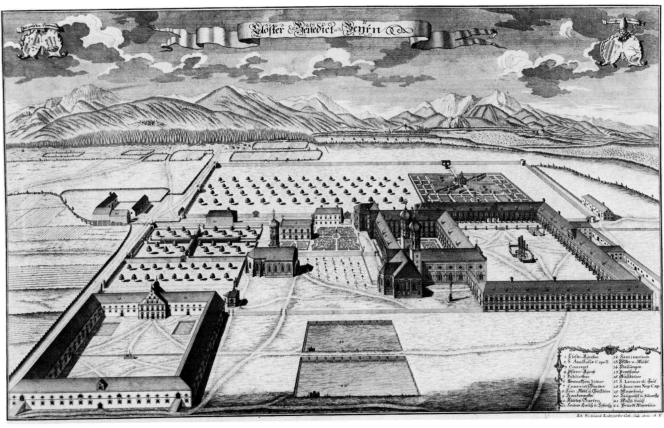

Abb. 1. Kloster Benediktbeuern, Kupferstich von Joh. Ferdinand Ledergerber, gezeichnet von Jakob Niederreither, Augsburg um 1750.

Ausgrabungsgeschichte

Benediktbeuern, eines der ältesten Klöster Oberbayerns, 739/40 von den Huosi-Brüdern Landfrid, Waldram und Eliland unter dem Namen «Buron» gegründet und durch Bonifatius geweiht[1], kann auf eine bewegte Geschichte zurückblicken. Nach einer Blütezeit im 8. und 9. Jahrundert[2] wurde das Kloster im Ungarnsturm 955 zerstört, danach als Kanonikerstift durch Bischof Ulrich von Augsburg neu errichtet, 1031 wieder an die Benediktiner übergeben und mit Mönchen aus dem Kloster Tegernsee besetzt. So erlebt das Kloster eine neue Blütezeit des geistigen Lebens, der Kunst und des Kunsthandwerks im 11. und 12. Jahrhundert: Chroniken werden verfaßt[3], neue Reliquien erworben[4], 1143 soll ein Neubau der Klosterkirche geweiht worden sein[5], der vielleicht durch die urkundlich erwähnten Goldschmiede und Maler, die in dieser Zeit in Benediktbeuern tätig waren[6], kostbar ausgestattet wird.

Finanzielle Schwierigkeiten, verursacht u. a. durch den Brand der Kirche 1248[7] und den Einsturz des Gotteshauses 1288[8], prägen das 13. Jahrhundert. Ein spätgotischer Neubau wird nach dem Brand der Kirche von 1490 errichtet[9]. Nach dem Dreißigjährigen Krieg erlebt das Kloster einen erneuten kulturellen und materiellen Aufschwung in der Barockzeit. 1681 wird die spätgotische Kirche abgerissen und an ihrer Stelle die heutige große Wandpfeilerkirche erbaut. 1803 säkularisiert, gelangt das Kloster für kurze Zeit in Privatbesitz und wird ab 1819 als Kaserne benützt[10], um dann erst 1930 wieder als Sitz der Philosophisch-Theologischen Hochschule der Salesianer Don Boscos einer würdigen Nutzung übergeben zu werden.

Den Bemühungen dieser Priestergemeinschaft und insbesondere ihres Kustos Karl Mindera SDB ist es zu verdanken, daß 1962 die Restaurierung der ehemaligen Klosterkirche, jetzt Pfarrkirche von Benediktbeuern, in Angriff genommen wurde. Sein Verdienst ist es, daß bei diesen Bauarbeiten das Bayerische Landesamt für Denkmalpflege eingeschaltet wurde, das 1964, 1966, 1969 und 1970 durch Dr. Walter Haas, damals Referent für Bauforschung, Beobachtungen zu der Baugeschichte der Kirche und der Klostergebäude durchführen konnte. 1970 stieß Haas bei Bauarbeiten im Presbyterium auf die ersten Reste des romanischen Schmuckfußbodens[11].

Leider war es nicht möglich, schon vor diesem Zeitpunkt eine großangelegte archäologische Grabung in der Klosterkirche durchzuführen, die hinsichtlich des Problems der romanischen Vorgängerbauten sicherlich einige Aufschlüsse hätte bringen können. 1970 führte das Referat für Mittelalter-Archäologie des Bayerischen Landesamtes für Denkmalpflege unter der Leitung von Dr. Walter Sage, bedingt durch die weitgehende Beendigung der Kirchenrestaurierung, nur noch eine kleine Testgrabung durch. Im Lauf dieser Grabung wurden in Schnitt 1, der in Nord-Süd-Richtung zwischen dem ersten östlichen Pfeilerpaar des Langhauses angelegt war, Reste des Schmuckfußbodens auch im Mittelschiff entdeckt, und zwar sein östliches Ende vor den Stufen zum romanischen Presbyterium. Erst die Erweiterung dieses Schnittes nach Westen hin brachte die ersten figürlichen Darstellungen zutage, das nördliche Arkadenfeld und ein kleines Segment des großen, sich westlich daran an-

5

schließenden Kreises. Der finanzielle und zeitliche Druck machten es trotz dieser außerordentlichen Entdeckung unmöglich, die Grabung fortzusetzen. Auch war damals eine Bergung der sehr weichen, stark zerbrochenen Fußbodenreste aus technischen Gründen nicht möglich[12]. Immerhin ist durch die genaue Dokumentation der Grabungsbefunde durch Pläne, Profile, Photographien und Beschreibungen der Befunde und besonders durch die im Maßstab 1 : 1 auf Plastikfolie farbgetreu durchgepauste Zeichnung der Inkrustationen eine zuverlässige Basis zur späteren Ausarbeitung geschaffen worden. Die Fußbodenfragmente wurden nach der Untersuchung mit einer schützenden Sandschicht bedeckt und die Grabungsschnitte wieder verfüllt.

Nach dem Abschluß der Grabung des Bayerischen Landesamtes für Denkmalpflege hat Kustos Karl Mindera SDB weitere Teile des Fußbodens freigelegt und photographisch festgehalten. Seine Beobachtungen hat er in einem Manuskript für einen kurzen Aufsatz über den Schmuckfußboden niedergeschrieben, das bei seinem Tod im Januar 1973 leider noch nicht vollständig ausgearbeitet war. Es wurde, von Prof. Dr. Leo Weber SDB überarbeitet, im selben Jahr publiziert[13], während die Ergebnisse der Testgrabung von Sage und die Beobachtungen zur Baugeschichte von Haas erst 1981 der Öffentlichkeit vorgelegt wurden[14].

Der romanische Schmuckfußboden liegt, soweit erhalten, etwa 80 cm unter dem jetzigen Fußboden der Kirche. Im Kreuzgang kann der Besucher Photographien der figürlichen Inkrustationen bewundern, die jedoch keinen Überblick über den Gesamtzusammenhang geben. Auch die bescheidene, teils maßstäblich nicht richtige Skizze Minderas ist dafür kein Ersatz[15].

Wenn hier anhand des zur Verfügung stehenden Materials eine Rekonstruktion gewagt wird, so ist in diesem Zusammenhang vor allem Prof. Dr. Sage und Prof. Dr. Weber SDB für die freundliche Bereitstellung des ganzen Photomaterials und der Grabungsdokumentation zu danken. Im übrigen ist es bei den bisherigen Publikationen zu keiner detaillierteren ikonographisch-stilistischen Einordnung der Darstellungen gekommen, wobei die Frage der Datierung für die Schichtabfolge in den während der Grabung von Sage beobachteten Profilen auch für den ganzen Baukomplex von Bedeutung ist. Schließlich handelt es sich beim Benediktbeurer Schmuckfußboden nicht nur um ein lokal interessantes Ausstattungsstück der Kirche, sondern um ein Denkmal ersten Ranges.

Rekonstruktion des Fußbodens

Zur zeichnerischen Rekonstruktion des Gipsfußbodens (Abb. 2 u. Umschlagrückseite) standen folgende Materialien zur Verfügung: alle Originalunterlagen der Grabung Sages, mit Grabungsplänen, Schwarz-Weiß-Photographien, die, mit Maßstab versehen, die Befunde so weit wie möglich unverzerrt darstellen, ferner die Plastikfolien mit der farbigen Zeichnung der Inkrustationen im Maßstab 1 : 1, außerdem alle Photographien, darunter mehrere Farbaufnahmen, die Kustos Karl Mindera hinterlassen hat. Leider fanden sich keine Notizen mit näheren Angaben zu den freigelegten Teilen des Fußbodens im Nachlaß von Mindera, so daß ich mich nur auf die Maß- und Lageangaben der Erstpublikation des Fußbodens stützen konnte[16]. Auch ist nur eine einzige Photographie der gesamten Minderaschen Dokumentation mit einem Maßstab versehen. Die restlichen Photographien sind ohne jeglichen maßstäblichen Anhaltspunkt und so aufgenommen, daß die Inkrustationen des Fußbodens leicht bis extrem stark verzerrt erscheinen[17].

Unter diesen Bedingungen konnte die vorliegende Rekonstruktion nicht genau ausfallen. Die Zeichnung ist im Maßstab 1 : 20 angefertigt worden, unter Beibehaltung des Meßsystems der Grabung Sage. Die Figuren sind den Originalen so weit wie möglich nachempfunden; kleine Ungenauigkeiten konnten jedoch nicht vermieden werden. Für stilistische Fragen bleiben deshalb die Photographien die einzige zuverlässige Quelle.

Im folgenden wird kurz auf die Rekonstruktion der einzelnen Partien des Fußbodens eingegangen, um klar herauszustellen, welche Stellen als gesichert gelten können und welche nur in etwa genau eingezeichnet sind.

Das nördliche Feld mit den drei Figuren unter Arkaden, dem umlaufenden Schriftband, dem westlich davon liegenden Ornamentstreifen, sowie ein Segment des äußeren Kreises mit der dazugehörigen Inschrift und die spärlichen Reste der ursprünglichen Inkrustationen im nördlichen Zwickel über dem Kreis sind auf den Folien des Landesamtes für Denkmapflege erfaßt und maßstabsgetreu wiedergegeben. Hier ist auch die Farbgebung gesichert[18].

Da der nördliche Abschluß des Feldes zerstört ist, wurde er analog zur entgegengesetzten Seite rekonstruiert, wobei natürlich nicht auszuschließen ist, daß sich der Ornamentstreifen mit dem vegetabilen Muster weiter nach Norden hin fortsetzte. Beim darunterliegenden Inschriftenband ist es sehr wahrscheinlich, daß es die ganze Breite des Schmuckfußbodens einnahm.

Außer diesen Teilen wurden während der Grabung Sages noch vier Köpfe im nordöstlichen Kreissegment freigelegt. Sie konnten damals aus Zeitmangel nur photographisch festgehalten werden. Ihre Einbringung in die Rekonstruktionszeichnung anhand der Photographien kann jedoch ebenfalls als genau angesehen werden.

Auf Grund der genauen Einordnung der Fußbodenfragmente, die in der Grabungskampagne des Landesamtes für Denkmalpflege freigelegt wurden, konnten weitere Teile des Fußbodens der Grabung Mindera zuverlässig in die Rekonstruktion übernommen werden. Das Kapitellfragment in der Ost-West-Achse des Kreises, die darüberliegenden Buchstaben im äußeren Inschriftenkreis und die Reste des südlichen Ornamentbandes sind anhand einer relativ schwach verzerrten Photographie auf der auch die obengenannten Köpfe erscheinen, zu rekonstruieren (Abb. 17). Die aus der Photographie abgeleiteten Maße und Lageangaben konnten dann von den Fluchtlinien des nördlichen Ornamentstreifens und vom Verlauf des Kreises bestätigt werden.

Schwieriger war die eindeutige Lagebestimmung des südlichen Arkadenfeldes. Gute, anscheinend verzerrungsfreie Aufnahmen sichern die Linienführung und die Farbgebung der Inkrustation der Figuren und der Arkaden mit Inschrift (Abb. 12). Auf einer dieser Photographien ist auch ein Meterstab abgebildet, der die maßstäbliche Wiedergabe ermöglichte. Ein umlaufendes Band ist sehr fragmentarisch erhalten, sicher im Osten des Arkadenfeldes und wahrscheinlich auch im Süden vorhanden, wo die Standlinie der Figuren wenige Zentimeter über die senkrechte Abschlußlinie des Feldes hinausgreift. Ana-

Abb. 2. Zeichnerische Rekonstruktion des Schmuckfußbodens (farbige Reproduktion siehe Umschlagrückseite). ▶

6

BENEDIKTBEUERN

Rekonstruktion des Schmuckfußbodens

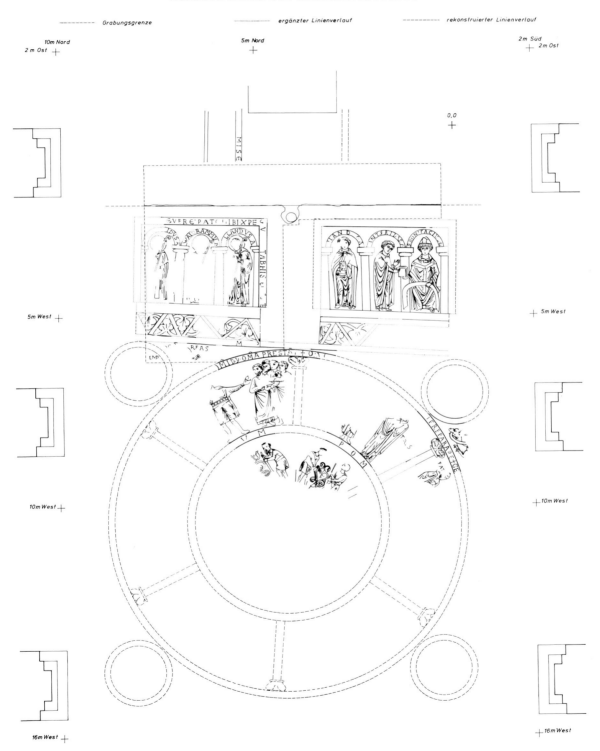

Abb. 3. Südöstliches Kreissegment. Gesamtaufnahme von der Kanzel aus.

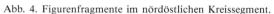

Abb. 4. Figurenfragmente im nördöstlichen Kreissegment.

log zum nördlichen Arkadenfeld ist bei diesem wohl auch auf der gegenüberliegenden Seite ein Band zu erwarten. Die Farbe dieser äußersten Linie ist aus keiner Photographie ersichtlich. Von der Schwarz-Weiß-Aufnahme her käme Schwarz in Frage, in Analogie zum nördlichen Arkadenfeld ist allerdings eher Rot anzunehmen. Verwunderlich ist, daß nicht einmal die geringsten Reste einer umlaufenden Inschrift in diesem Band auf der Photographie sichtbar sind. Wurden diese Buchstaben vielleicht nur aufgemalt, oder befanden sich hier nie welche? Beim relativ guten Erhaltungszustand des Figurenfeldes ist es schwer vorstellbar, daß nur die Buchstaben der vermuteten inkrustierten Inschrift bis zur Unkenntlichkeit abgetreten wären.

Ein weiteres Problem brachte die räumliche Zuordnung von Arkadenfeld und vegetabilem Ornamentstreifen. Eine Gesamtaufnahme aller aufgedeckten Fußbodenreste für diesen Teil existiert nicht, was wohl mit dem Verlauf der Freilegung zusammenhängt. Die Photographie des vegetabilen Streifens (Abb. 13) zeigt, daß dieser gegen Osten durch ein schmales Band begrenzt ist, welches im nördlichen Bereich des Fußbodens nicht vorkam. Denselben Befund zeigt auch die Photographie des südlichen Arkadenfeldes (Abb. 12), das ebenfalls von einem schmalen Streifen unter den Figuren abgeschlossen wird. Der Vergleich mit der Flucht der Linien aus dem nördlichen Fußbodenbereich bestätigt die Feststellung, daß die Zone zwischen Arkadenfeld und Ornamentstreifen hier nochmals unterteilt worden ist. Das Problem liegt aber darin, daß diese Trennlinie gegen die Mittelachse zu auf der Photographie des Arkadenfeldes gestört erscheint, in der Photographie des Ornamentstreifens jedoch ungestört weiterläuft. Handelt es sich also hier nicht um dieselbe Linie? Andererseits ist eine Dreiteilung dieser Zone auszuschließen, da sonst das darüberliegende Figurenfeld um mindestens 10 bis 20 cm nach Osten gerückt werden müßte und somit im Bereich des Schnittes 1 der Grabung Sage erschiene. In diesem Falle würde auch die Flucht des Ostabschlusses des südlichen Arkadenfeldes nicht mehr derjenigen des nördlichen Arkadenfeldes entsprechen. Es muß sich also auf beiden Photographien um ein und dieselbe inkrustierte Linie handeln, die vielleicht während der Grabungsarbeiten von Mindera gestört wurde.

Große Schwierigkeiten bereitete die Entschlüsselung der Maße des Kreises, seiner Einteilung, der Lage und Größe der Figuren.

Das auf den Folien des Landesamtes für Denkmalpflege erfaßte Kreissegment nördlich der Mittelachse gehört zu einem Kreis mit einem Durchmesser von 9,12 m. Dieses Maß steht im Gegensatz zu der Durchmesserangabe Minderas – 8,30 m –, wobei er nicht angibt, ob auch das äußere Schriftband mitgerechnet wurde[19]. Angenommen, das Schriftband wäre nicht mitgerechnet, so ergäbe sich für die Maße Minderas eine Zugabe von 38–40 cm, also ein Durchmesser von etwa 8,70 m. Trotzdem bleibt ein großer Maßunterschied von 40–45 cm zu dem am maßstäblichen Plan errechneten Durchmesser. Da Mindera keinen solchen Plan angefertigt hatte, erscheint der Durchmesser von 9,12 m auf jeden Fall sicherer, zumal Mindera mit allergrößter Wahrscheinlichkeit an keiner Stelle des Fußbodens den ganzen Durchmesser in situ abmessen konnte.

Die zweite Maßangabe Minderas bezieht sich auf den inneren Kreis, der einen Radius von 2,10 m aufweisen soll. Da nun schon die obere Maßangabe weit abweicht, d.h. der Mittelpunkt des Kreises nicht genau bestimmt wurde, ist anzunehmen, daß auch dieses Maß nicht stimmt. Auch hier ist nicht spezifiziert, ob das innere Schriftband mitgerechnet wurde oder nicht.

Eine andere Möglichkeit, auf dieses Maß zu kommen, war für Mindera, die feststellbare Breite des äußeren Figurenstreifens von dem angenommenen Radius des gesamten Kreises abzuziehen. Somit würde sich eine Breite des äußeren Figurenbandes (mit oder ohne Inschriftenband?) von 2,05 m ergeben. Dies läßt sich auch beim verhältnismäßigen Vergleich der Breite des Inschriftenbandes, die durch die Folie des Landesamtes für Denkmalpflege nachprüfbar ist, mit der Breite des äußeren Figurenbandes auf einer Photographie des Fußbodens feststellen, die von der Kanzel aufgenommen wurde (Abb. 3). Dies Verhältnis ergibt in etwa 1,90–2,00 m Gesamtbreite des äußeren Kreises, wobei Verzerrungen durch die Perspektive der Photographie mitgerechnet werden müssen. Man kann deshalb eine generelle Breite von 2 m für den äußeren Kreis annehmen. Die Figuren wären dann etwa 1,70 m bis 1,80 m groß, ebenso wie die Figuren der Stifteräbte in der nördlichen Arkadenstellung.

Der nächste Schritt betraf die Einteilung des Kreises. Auf den Gesamtaufnahmen der südlich der Mittelachse gelegenen Fragmente des Fußbodens erscheinen die Figuren und Kreise verschiedentlich verzerrt; der Wert des Winkels zwischen der Mittelachse des Kreises mit dem erhaltenen Kapitell und dem südöstlichen Kapitell schwankt um 60 Grad. Eine Unterteilung des äußeren und inneren Kreises in je sechs Figurenfelder ist deshalb mit Sicherheit anzunehmen (Abb. 3 und Abb. 18).

Zum Glück paßte eine Aufnahme des südöstlichen Kapitells mit der bärtigen Figur südlich davon und dem Drachen mit dem kleinen Kreissegment im Zwickel zufällig genau in die maßstäbliche Zeichnung des Fußbodens[20]. So konnten diese Figuren durchgepaust in die Rekonstruktion eingetragen werden. Eine am Verlauf des Kreises erkennbare leichte Verzerrung gegen Osten, die die nächst der Säule stehende Figur betrifft, wurde korrigiert. Ebenso wurden die zweite, nur sehr fragmentarisch erhaltene Figur des äußeren Kreises und die Figurengruppe darunter nach den auf den Photographien ersichtlichen Maßverhältnissen eingezeichnet (Abb. 20). Die Farbgebung ist nur bei der Brustpartie der «...TAS»-Figur unsicher, wurde jedoch anhand der unteren Teile ergänzt.

Die nordöstliche Figurengruppe erwies sich als besonders schwierig zu rekonstruieren. Sowohl die Fragmente der Figur im inneren Kreis, als auch die der Fuß- und Körperpartien aus dem äußeren Kreis waren schollig zerbrochen und gegeneinander um 10–15 cm verschoben, so daß zunächst eine Klärung der inkrustierten Linienführung überhaupt stattfinden mußte (Abb. 4). Dies gelang einwandfrei für die Figur des Greises im unteren Kreis. Bei den kompliziert ineinandergeschachtelten Figuren mit den faltenreichen Gewändern im äußeren Kreis ist jedoch manches noch unklar geblieben. Zwar ist auf keiner Photographie ein Anschluß dieser Körperdarstellungen an die vier Köpfe (Abb. 11) ersichtlich, auch keine Lagebeziehung dieses ganzen Komplexes zum Gesamtkreis. Aus der Skizze des Schmuckfußbodens von Mindera[21] geht aber hervor, daß sie sich im nordöstlichen Figurenfeld befinden. Die Zugehörigkeit von diesen Gewändern mit den drei Armen zu den vier Köpfen ist deshalb sehr wahrscheinlich. Die Photographien dieses Abschnittes waren extrem verzerrt. So mußten die Figuren sowohl im inneren als auch im äußeren Kreis nach Augenmaß skizziert werden.

Für keine Figur des inneren Kreises waren maßstäbliche Hinweise vorhanden. Möglicherweise könnten sie deshalb auch noch etwas kleiner sein als in der Rekonstruktion eingetragen. Vielleicht waren diese Szenen ebenfalls durch Säulen voneinander getrennt. Der spärliche Rest einer doppelten Trennlinie im

Abb. 5. Nicht näher lokalisierbare Fußbodenfragmente.

Südosten könnte dafür sprechen (Abb. 3). Offen muß auch die Frage nach einer zentralen Darstellung bleiben. Platz dafür wäre vorhanden.

Sicher waren die Zwickel außerhalb des Kreises mit runden Medaillons besetzt. Der kleine Kreisansatz im südöstlichen Zwickel läßt sich sehr gut als Medaillon ergänzen und paßt in seinen Maßen genau in den freigelassenen Raum (Abb. 3). Im nordöstlichen Zwickel ist zwar nicht der geringste Rest eines Medaillons vorhanden, doch zeigt die Photographie, daß genau an den Stellen, wo der Kreis zu liegen käme, der Fußboden total zerstört ist (Abb. 11).

Die Lage der westlichen Medaillons ist rein hypothetisch. Sie könnten so angeordnet gewesen sein, daß sie die leichte Verschiebung der Fußbodenachse nach Norden hin ausgleichen.

Nur ein kleines Fragment des Gipsfußbodens konnte nicht in die Rekonstruktion eingeordnet werden. Es handelt sich um ein Bruchstück mit einigen Linien, wahrscheinlich Gewandfalten, das auf einer extrem schräg aufgenommenen Photographie erscheint, die während der Freilegung der nordöstlichen Figuren des Kreises entstand (Abb. 5). Es müßte etwa im südwestlichen Abschnitt des inneren Kreises liegen oder zu der hypothetischen zentralen Darstellung gehören.

Zuletzt wurden die Reste des dazugehörigen Chorfußbodens (Abb. 9), die von Haas freigelegt wurden, auf Grund des Gesamtplanes (Abb. 37) und seiner Beschreibung[22] in die Rekonstruktion miteinbezogen. Leider konnte wegen des stark verkleinerten Gesamtplanes der Grabungsbefunde keine Genauigkeit in der Lage der Befunde erreicht werden. Auch erscheinen die von Haas beschriebenen inkrustierten Linien südwestlich des Altars nicht im Gesamtplan; ihre Farbgebung ist nicht erwähnt. So wurden sie analog zu dem nordwestlichen Inschriftenband in die Zeichnung eingetragen.

Die auf diese Weise entstandene Rekonstruktion könnte nur durch eine Wiederaufdeckung der Fußbodenfragmente im Rahmen einer großflächigen Grabung überprüft und korrigiert werden.

Beschreibung des Fußbodens

Technische Ausführung

Der Schmuckfußboden besteht aus einem Gipsestrich[23], «hell»[24], «fast weiß»[25], 4–7 cm stark, der auf einer Rollierung aus faustgroßen, vermörtelten Kieseln, 15–20 cm stark, aufliegt (Abb. 8, Schicht 9 und 10). Die von Dr. J. Riederer am Doerner-Institut in München untersuchten Proben des Estrichs ergaben folgende Bestimmung:

«Der ältere Estrich wurde aus Estrichgips hergestellt. Estrichgips gewinnt man durch Brennen von natürlich vorkommendem Gips ($CaSO_4 \cdot 2H_2O$) bei Temperaturen zwischen 850 und 950°C, wobei ein wasserfreies Calziumsulfat ($CaSO_4$) und Calziumoxid (CaO) entsteht. Mit Wasser bindet der Estrichgips nach ein bis zwei Tagen ohne Volumenzunahme ab, wobei er sehr hart und widerstandsfähig wird. Der Gipsestrich der älteren Fußbodenschicht enthält einen beträchtlichen Kalziumcarbonatanteil, der vermuten läßt, daß mit oder ohne Absicht Kalk gemeinsam mit dem Gips verbrannt wurde. Als Zuschlagstoffe wurden dem Estrichgips feinkörniger Sand (bis 2 mm Korngröße) sowie geringe Anteile an Holzkohle und grobem

Ziegelmehl beigemischt. Das Gefüge des Estrichs ist grobblasig.»

Die Ornament-, Figuren- und Inschrifteninkrustationen entstanden dadurch, daß in den frischen Estrich, noch vor dem Erhärten, die Linien der Zeichnung als Riefen bzw. als kleine ausgesparte Flächen eingekerbt wurden und dann, wahrscheinlich nach dem Erhärten, mit roter und schwarzer Paste ausgefüllt wurden[26]: «Die rote Farbfüllung besteht aus feingepulvertem Ziegelmehl mit geringen Beimengungen von Kalksteinbruchstücken, Holzkohleteilchen und wenig Quarzsand. Als Bindemittel wurde Gips verwendet... Die schwarze Farbfüllung besteht aus einem Gipsmörtel, der durch gepulverte Holzkohle gefärbt ist»[27]. Zum Schluß wurde der Fußboden abgeschliffen.

Die Einkerbungen waren etwa 5 mm tief und hatten einen annähernd quadratischen Querschnitt, eine Beobachtung, die von größter Wichtigkeit für eventuelle Werkstattzusammenhänge mit anderen Fußböden dieser Art sein könnte[28].

Der Schmuckfußboden hat zwei verschiedene Niveaus: Im Chor liegt er bei −1,34/−1,38 m[29], im Mittelschiff bei −1,82 bis −1,85 m[30], d. h. etwa 45 cm tiefer als im Chor. Da im Ostprofil von Schnitt 1 der Chorfußboden erscheint (Abb. 7, Schicht 14 und 15), muß dessen westliche Grenze (wegen der Störung durch das Herausreißen der Chorstufen nicht im Planum 1 (Abb. 6) festgestellt) etwa im Bereich des östlichen Schnittrandes liegen. Es bliebe demnach ein etwa ein Meter breiter Streifen übrig, in dem drei Stufen Platz fänden.

Die Nahtstelle zum Chor hin erlaubt, den gesamten Arbeitsverlauf in diesem Bereich zu rekonstruieren. Zuerst wurde die Rollierung des Schmuckfußbodens im Mittelschiff aufgetragen, 30–40 cm unter die Stufen zum Chor hin weitergeführt

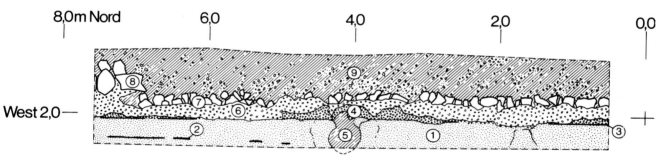

Abb. 6. Schnitt 1, Planum 1.

Abb. 7, 8. Schnitt 1, Ostprofil (Abb. 7) und Westprofil (Abb. 8).

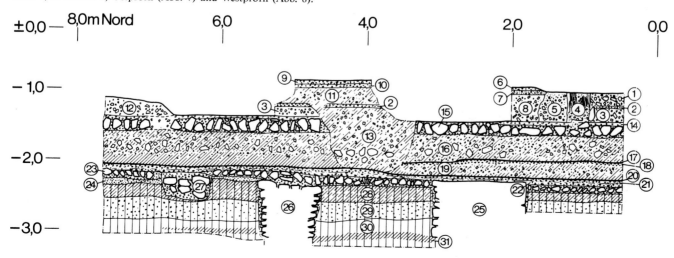

und vermörtelt (Abb. 6, Schicht 6 und 7). Der Chor war in diesem Bereich also noch nicht aufgeschüttet, was auch an einer dünnen Trampelschicht als Arbeitsniveau in Höhe des Mittelschiffs ersichtlich ist (Abb. 7, Schicht 17). Dann wurde das Gelände aufgeschüttet, die Chortreppe aufgebaut sowie das Altarpodest im Chor errichtet. Die Kirche war wahrscheinlich schon vor der Herstellung des Schmuckfußbodens verputzt. Die Putzgrenze an der Südmauer des Langhauses reicht bis —1,90/1,92 m[31], bzw. bis —1,93 m[32], also tiefer als das Niveau des Schmuckfußbodens im Mittelschiff. Immerhin ist durch die Untersuchung der Südmauer in Höhe des mittelalterlichen Chores bewiesen, daß die Seitenschiffe auf gleichem Niveau mit dem Mittelschiff lagen und nur dessen Ostteil erhöht war. Zuletzt entstand der Gipsfußboden in diesem Bereich. Er war sowohl an die Chorstufen als auch an den Altar im Chor angestrichen.

Schon aus der Rekonstruktionszeichnung (Abb. 2) geht hervor, daß die Inkrustierung des Gipsfußbodens im Mittelschiff von Osten nach Westen fortschritt. Wenn die Linien wirklich in den weichen Gips eingeritzt wurden, so war eine schnelle, etappenweise vorgehende Arbeitsweise notwendig. Dies scheinen die Verzerrungen und Abweichungen der gesamten Darstellung von der Kirchenachse widerzuspiegeln. Sind die ersten Linien zu den Chorstufen noch parallel, so rutscht die Achse des Fußbodens schon im Bereich der beiden Arkadenfelder immer mehr nach Norden, so daß der Mittelpunkt des sich westlich anschließenden Kreises nicht mehr in der Mittelachse der Kirche zu liegen kommt.

Ferner kann man auf den Photographien beobachten, daß die Einkerbungen zuerst mit roter Paste, dann mit schwarzer ausgefüllt worden sind, da die rote Paste oft in «schwarze Bereiche» hinübergeflossen ist. Dies ist der Fall beim Saum am rechten Arm und am Saum der Mitra des Bonifatius im südlichen Arkadenfeld, am unteren Saum, zwischen den Schuhspitzen der «... TAS»-Figur im südöstlichen äußeren Kreissegment, am südlichen Ornamentstreifen, während die Farbgebung der äußeren nördlichen Figur im nördlichen Arkadenfeld ganz unlogisch erscheint, im Vergleich zu der sonst doch sorgfältigen Farbverteilung. War dies ein Mißgeschick des Künstlers?

Nun brauchte man zur Herstellung dieses Fußbodens in erster Linie den nötigen Gips. Gipsvorkommen sind im Alpenvorland zahlreich, aber über die Geschichte des Abbaues ist nicht viel in Erfahrung zu bringen, u. a. weil die Gipsgewinnung im Alpenvorland im 18. und 19. Jahrhundert eingestellt wurde[33].

Das Benediktbeuern am nächsten gelegene Gipsvorkommen ist am Kochelsee[34], und zwar 50 m Gipslager im Kesselbergstollen, 80 m unter Tage gelegen. Hier soll sowohl unreiner (Dunggips) als auch reiner, weißer Gips vorkommen[35].

Der Ort Joch am Kochelsee, am Fuße des Kesselberges «... ist ohne zweiffl ein portion unserer Fundation ... so, laut unserer Chronic B: Landfridus unserem Kloster eingeraumbt, und Kayser Heinricus III. a o 1048 demselben widerumb restituiert hat», heißt es bei Meichelbeck in seinem handschriftlichen 2. Teil des Benediktbeuerer Archivs[36]. Auch er konnte keine urkundliche Erwähnung für den mittelalterlichen Gipsabbau am Kochelsee finden: «Die erste meldung von dem Gibs-bruch zwischen Kochl und Joch, finde ich a o 1592»[37]. Daß dieser Gipsbruch doch von guter Qualität war, bestätigt eine weitere Notiz Meichelbecks, in der es heißt, daß 1622 der Benediktbeuerer Abt Johannes zur Erbauung der St. Borromäuskirche in der Au u. a. 20 Fässer Gips «contribuieret» hat[38].

So erscheint es als sehr wahrscheinlich, daß schon zur Zeit der Herstellung des romanischen Schmuckfußbodens der nächstliegende und auch noch im eigenen Besitz befindliche Gips verwendet wurde. Ein Beweis durch eine mineralogische Analyse des Fußbodens ist mangels Proben aus dem Kocheler Gipsbruch nicht mehr zu erbringen.

Die Inkrustationen

Im erhöhten *Chor* spart der Schmuckfußboden eine Fläche von 2,30 m Breite aus, deren Tiefe nach Osten hin, da von den gotischen Lettnerfundamenten gestört, nicht mehr feststellbar ist. Der Zugang zu dem Altar, der in dieser Fläche stand, wurde von je zwei parallelen Kerben in 16 cm Abstand flankiert, die in Ost-West-Richtung verlaufen. Das nördliche Band trägt zwischen schwarzen Linien die Reste einer Inschrift, rot inkrustiert, von Norden her lesbar, von der noch «...MISE.» zu erkennen ist[39] (Abb. 9). Bis zu der angenommenen Ostgrenze der Chorstufen ist noch Platz für einen, maximal zwei Buchstaben, so daß eine Ergänzung zu «miser» denkbar wäre. 70 cm weiter nördlich von dieser Schriftzeile befinden sich, nicht ganz parallel dazu, zwei eng beieinander liegende rote Linien. Ihr Abstand von etwa 10 cm ist zu klein, um auch hier eine Inschrift zu vermuten, da alle Schriftzeilen des Fußbodens wenigstens 16 cm, meist 18–20 cm breit sind. Wahrscheinlich rahmten diese Streifen nicht nur den Bereich vor dem Altar, sondern auch die Nord- und Südseite des letzteren.

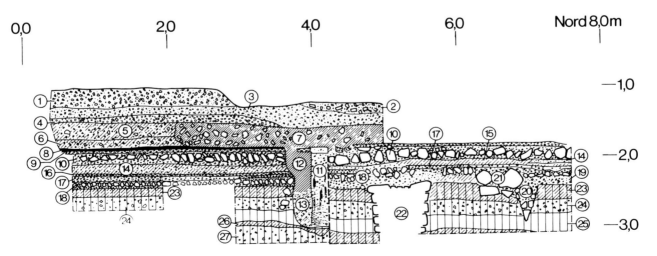

Abb. 9. Fußbodenreste im romanischen Chor.

Die Inkrustationen im *Mittelschiff* (Abb. 2) schließen sich von Osten nach Westen in folgender Weise an. 30–35 cm von dem westlichen Ende der Chorstufen entfernt liegt ein 2,30 m hoher und etwa 8,20 m breiter Bereich, in dem zwei, an drei Seiten von Inschriften gerahmte Felder liegen, die je drei unter Arkaden stehende bzw. sitzende Figuren enthalten, getrennt durch einen 1,20 m breiten, schmucklosen Streifen in der Mittelachse des Fußbodens. Gegen Westen sind beide Arkadenfelder durch ein, beim südlichen zwei einfache Bänder von etwa 30 cm Breite und durch einen 58–60 cm breiten Ornamentstreifen begrenzt. Beide haben nur die Länge der über ihnen liegenden Arkadenfelder ohne seitliche Inschriftenzeilen.

Dieser östliche Komplex wird von der weiter westlich sich anschließenden Kreisdarstellung durch ein in Nord-Süd-Richtung, wahrscheinlich auf der ganzen Breite dieses Kreises verlaufendes, 16 cm breites Inschriftenband getrennt. Der Kreis mit 9,12 m Durchmesser füllt den ganzen Mittelschiffboden bis zum heute westlichsten Joch der Klosterkirche aus. In seinen Zwickeln liegen Medaillons mit 1,70 m Durchmesser, die etwas über die Breite des Mittelkreises hinausragen, so daß die Gesamtbreite des inkrustierten Bereiches im Mittelschiff 9,70 m beträgt, ein guter Hinweis auf die Breite des romanischen Mittelschiffes.

Das *nördliche Arkadenfeld* ist leider stark zerstört, besonders im Bereich der mittleren und nördlichen Figur, außerdem durch zahlreiche jüngere kleinere Gruben von Rüststangen, die den schollig zerbrochenen und an einigen Stellen dadurch verzogenen Estrich durchschlagen, in Mitleidenschaft gezogen[40]. Deshalb fehlt der nördliche Abschluß mit dem dazugehörigen Inschriftenband, eine Gesamtbreite von 3,40 m kann aber anhand der Breite von Inschrift und Arkade rekonstruiert werden.

Das Inschriftenband, im Osten und Süden fast vollständig erhalten, ist 19 cm breit, außen durch eine rote, innen durch eine schwarze Linie begrenzt; die Buchstaben sind schwarz ausgefüllt. Die östliche Inschrift ist von Westen her, die südliche von Norden her lesbar.

«...EVERE PAT(ET T)IBI XPE»(Christe) lautet die Inschrift im Osten (Abb. 10). Der südliche Text ist sehr fragmentarisch erhalten. Er beginnt schon in Höhe des letzten Buchstaben des oberen Textes: »GV....T AB HIS .(E).....TE»[41] (Abb. 11).

Die Buchstaben zeigen schlichte Capitalisformen, außer dem unzial gebildeten ersten und dritten E der östlichen Inschrift. Eine Ligatur ist nur bei dem T E der südlichen Inschrift vorhanden. Der östliche Text scheint das Ende eines Hexameters oder Pentameters zu sein, allerdings läßt sich ein solcher schwer ergänzen, da die angenommene Länge der noch fehlenden Inschrift im Osten zu kurz ist (nur noch fünf bis sechs Buchstaben), um noch zwei bis drei Hebungen zu enthalten, während die Einbeziehung der im Norden zerstörten Inschrift wiederum zu lang wäre für einen Hexameter.

Gerahmt durch diese Inschriften stehen drei Figuren unter Säulenarkaden. Die Arkadenbögen tragen jeweils den Namen der darunterstehenden Figur und ruhen auf stämmigen basenlosen Säulen, die ein wulstartiges Kapitell unter einer vorkragenden, dicken rechteckigen Kämpferplatte tragen. Am Rand des Feldes sind sie nur als Halbsäulen dargestellt (Abb. 11).

Auf einer roten Standlinie, zugleich Abschlußlinie des Feldes, stehen drei Figuren, die durch ihre Kleidung — das Skapulier[42] — und durch die Stäbe mit einfachen, spitz endenden Krümmen und Nodus[43] eindeutig als Benediktinermönche und Äbte gekennzeichnet sind.

Von der nördlichen Figur hat sich nur die linke Hälfte erhalten. Mit leicht vor dem Körper angewinkeltem Arm hält sie den

Abb. 10. Östliche Inschrift über dem nördlichen Arkadenfeld.

Abb. 11. Nördliches Arkadenfeld.

Abb. 12. Südliches Arkadenfeld.

Abtsstab, dessen Nodus, Krümme und ein kleiner Teil des Schaftes noch sichtbar sind. Von der Kleidung hat sich nur ein Teil der Kapuze und die linke Hälfte des Skapuliers erhalten. Die Figur ist schwarz inkrustiert, außer im Bereich der Brust, wo der Ansatz der Falten am Unterarm, ein Teil des Stabschafts und die Falten über der Brust zur Hälfte rot ausgefüllt sind[44]. Den Resten nach zu urteilen, stand die Figur frontal. Die Inschrift im Arkadenbogen ist zwar halb zerstört, kann aber als «(LANTFR)IDVS A(bbas)» ergänzt werden.

Neben ihm steht frontal unter seiner Arkade «WAL(D)RAM-MVS A(bbas)». Das VS ist mittels einer unzialen Ligatur gebildet. Er scheint durch die rote Inschrift, das rote Gewand und den roten Abtsstab in dieser Reihe größtenteils schwarz inkrustierter Figuren besonders hervorgehoben zu sein. Leider sind von seiner Darstellung nur noch die schwarze Kontur des Nimbus, ein Teil der Krümme und des Schaftes des Abtsstabes und Reste von Falten am Halsansatz und am Saum des Gewandes erhalten geblieben.

Ihm wendet sich mit einer leichten Neigung des Kopfes «(ELI)LLANDVS A(bbas)» zu. Seinen linken Arm hält er angewinkelt vor der Brust, die Hand wie im Segensgestus erhoben. Vielleicht hielt er mit der Rechten den Abtsstab, der an der linken Schulter vorbei über die Körpergröße hinausragt. Die rechte Hälfte des Körpers und die zarte Binnenzeichnung des Gesichts sind zerstört. Reste von wulstartigen parallelen Locken deuten an, daß er ohne Tonsur dargestellt war. Sein Skapulier fällt in weichen Falten, die U-förmig enden, herab, der Saum des mit Nesteln zusammengehaltenen Ärmels schwingt leicht nach außen. Am Handgelenk ist der enggefältelte Ärmel der

Tunika sichtbar. Die kleinen nach rechts schreitenden Füßchen stehen in keinem Verhältnis zum Körper oder zur Gewandbildung.

Das *südliche Arkadenfeld* ist der besterhaltene Bereich des Fußbodens. Mit 2,40 m Höhe und 3,60 m Breite, die rekonstruierten Textbänder miteinbegriffen, ist es etwas größer als sein nördliches Pendant. Kleine Störungen an der Schulter der nördlichsten Figur und des nördlichen Kapitells sowie bei einem der mittleren Kapitelle sind leicht ergänzbar und beeinträchtigen die Darstellung der Figuren nur wenig (Abb. 12). Bedauerlich ist, wie schon angedeutet[45], daß nicht einmal der geringste Rest einer umlaufenden Inschrift erhalten blieb, mit deren Existenz man wohl in Analogie zum nördlichen Feld rechnen muß. Im Gegensatz zu diesem sind zwei der Figuren durch eine Handlung miteinander verbunden. Deshalb muß die Beschreibung von der wichtigsten Figur, dem Heiligen Bonifatius, ausgehen. Als solcher identifiziert ihn die Inschrift in dem südlichsten Arkadenbogen: «S(anctus) BONIFACIUS C(onfessor)» oder «E(piscopus)»; ob hinter dem Namen ein C oder E steht ist nicht sicher zu entscheiden.

Alle Buchstaben außer dem unzialen U und vermeintlichen E sind reine Capitalisformen.

Als einziger der gesamten Figurenreihe ist Bonifatius auf einer einfachen Bank, die links von ihm sichtbar wird, frontal sitzend dargestellt. Die rote Farbe seiner Mitra, des Palliums und des Kaselsaumes betont die Insignien seiner Bischofswürde, das Pontifikalgewand[46], und hebt ihn deutlich von den anderen, nur schwarz inkrustierten Figuren ab.

Mit seiner Linken umfaßt er einen über seinen Schoß gelegten und beidseitig herabfallenden roten Streifen, der wohl als

Spruchband gedacht war, aber keine Buchstabenreste zeigt. Mit seiner Rechten reicht Bonifatius, die Säule übergreifend, dem neben ihm stehenden Mönch ein Buch. Die Mitra, deren rückwärtige Spitze hinter der Vorderseite hervorragt, ist mit einem zur Spitze hochlaufenden Band und am Saum mit einem Streifen, der von zwei Linien gerahmte Punkte zeigt, besetzt. Unter der Mitra quellen die kurzen, in parallele Locken gelegten Haare hervor. Die Kasel, am Halsausschnitt durch eine große rechteckige Brosche mit der Tunika zusammengehalten, fällt in großen Falten bis zwischen die schräg gestellten Unterschenkel herab. Ihr Saum, rechts durch eine dicker gezogene Linie deutlich vom Untergewand getrennt, ist über dem linken Arm wulstartig umgeschlagen. Nur die kleinen parallelen Falten am herausragenden linken Ärmel der Tunika verraten einen Unterschied in der Stoffbeschaffenheit zur Kasel. Von den Bischofsschuhen ist nur der linke, von der Tunika halb verdeckt, sichtbar. Das über die Kasel gelegte Pallium – deutlich durch die Strichstärke an den Schultern – scheint von der Bewegung mitgerissen im Schoß abzuknicken.

Bonifatius ist in seiner Körperlichkeit und Gewandbildung eindeutig die qualitätvollste Figur des Fußbodens. Der hierarchischen Darstellungsweise zufolge ist er größer als die anderen Figuren. Seine Größe wird besonders betont durch die neben ihm stehende Figur, die noch etwas kleiner ist als alle anderen. Stehend, den Körper durch die greifende Bewegung des rechten Armes halb nach links gewendet, mit leicht Bonifatius zugeneigtem Kopf, nimmt sie das von ihm gereichte Buch entgegen. Die erhobene linke Hand und die kleinen Füße im Profil betonen diese Zuwendung. Es handelt sich der Inschrift nach um «(L)ANTFRIDVS A(bbas)». Die VS-Ligatur ist unzial, das F in unzialer Analogie gebildet.

Im Gegensatz zu der Darstellung desselben Abtes im nördlichen Arkadenfeld, ist Lantfridus hier ohne Nimbus, aber mit Tonsur gezeigt und mit einem über der Brust geschlossenem Mantel über einem langen Untergewand bekleidet. Das Haar trägt er in der Mitte gescheitelt, in parallelen Locken nach hinten gekämmt, so daß ein Teil des Ohres freiliegt. Das Gesicht im Dreiviertelprofil ist ähnlich wie beim Bonifatius gebildet. Der in parallelen U-Falten von der Schulter herabfallende Mantel gibt der Figur eine geschlossene Kontur, aus der nur die Hände herausragen.

Die nördliche Figur dieser Reihe steht wie isoliert da, frontal, den Blick auf den Betrachter gerichtet. Die Inschrift im Arkadenbogen weist sie als «(EL)ILAND(V)S A(bbas)» aus. Sein Name ist hier mit größter Wahrscheinlichkeit ohne Doppel-L geschrieben. Obwohl das I nur fragmentarisch erhalten ist, läßt es der verbliebene Platz nicht zu, dies I für ein L zu halten und noch drei Buchstaben davor zu setzen.

Auch Elilandus erscheint dies zweite Mal nicht mehr als nimbierter Abt, sondern tonsuriert in einem Radmantel. Er steht mit vorgeschobenem, leicht nach innen geknicktem rechten Bein und drückt mit der rechten Hand ein Buch an seine Brust. Die Linke hat er zum Segensgestus erhoben. Leider ist der Kopf nicht mehr ganz erhalten. Erkennbar sind aber noch die kranzförmig um die elliptische Tonsur gelegten wulstartigen Locken, hinter die Ohren gekämmt, das weiche Oval seines Gesichtes, der zart angedeutete Mund und die geschwungene Augenbraue mit Resten vom Oberlid. Der Radmantel wird am Halsansatz von einer quadratischen, in der Mitte mit einem Stein besetzten Schließe zusammengehalten, von der sternförmig Falten ausgehen. Der Mantel ist um den erhobenen linken Arm geschlagen. Das Untergewand, an den Ärmeln eng gefältelt, betont die Kör-

perlichkeit der Beine durch runde bis U-förmige, ab Oberschenkelansatz gebildete Falten, die das locker hängende Gewand zwischen den Beinen andeuten sollen, während sich über dem rechten vorgeschobenen Bein die Tunika strafft und vom Knöchel aus lange, leicht gewundene Falten nach oben wirft. Unter der Tunika sind die Schuhspitzen sichtbar, die, wie auch bei Bonifatius und im krassen Gegensatz zu den Füßchen Lantfrids oder Elilands im nördlichen Feld, richtig proportioniert sind. Der von Eliland gehaltene Gegenstand ist sicher ein Buch. Die Verzierungen darauf, der hervorgehobene Rand und die Ovale im Mittelfeld, meinen eindeutig einen mit Edelsteinen besetzten Buchdeckel und nicht einen Reliquienbehälter [47].

Unter den beiden oben beschriebenen Arkadenfeldern befindet sich eine 30 cm breite, schmucklose Zone, die im Norden rot, im Süden schwarz eingefaßt und hier etwa in der Mitte nochmals durch eine schwarze Linie in zwei Streifen geteilt ist [48]. Das darunterliegende *Ornamentband*, im Norden nur mäßig gestört, ist unter dem südlichen Arkadenfeld nur am Ansatz gegen die Mittelachse zu erhalten geblieben (Abb. 13, 14). Ein schmaler, im Zickzack geführter Streifen teilt das Band in sechs gegeneinandergestellte Dreiecke und zwei halbe Dreiecke an den Enden. Die ersten Dreiecke in dem nördlichen Streifen sind regelmäßig spitzwinklig, um dann gegen Süden hin immer gestreckter und flacher zu werden, wohl um den verbliebenen Platz zu füllen. In die Dreiecksfelder ist je ein dreipaßförmiges Blatt eingebracht, das auf zwei, etwa aus den Ecken der Grundlinie herauswachsenden geschwungenen Stielen sitzt. Die Blattfläche ist durch fächerartige Adern belebt. Die stehenden Dreiecke mit ihrem Blatt sind rot ausgeführt, die hängenden schwarz, doch kommen auch Unregelmäßigkeiten in der Farbgebung vor, wie beim halb rot, halb schwarz inkrustierten Dreieck am Anfang des Ornamentstreifens unter dem südlichen Arkadenfeld.

Ein etwa 18 cm breites, schwarz eingefaßtes Inschriftband bildet den Übergang zum großen Kreisfeld. Von der Inschrift haben sich nur nördlich der Mittelachse ein rotes «M» und in einem kleinen Abstand davon der Rest von einem schwarzen «P» erhalten.

Die große Kreisdarstellung wird außen von einem schwarzen, ebenso breiten Textband eingefaßt. An den sehr fragmentarisch erhaltenen Inschriften ist immerhin noch erkennbar, daß jedes der sechs Kreissegmente einen dazugehörigen Hexa- oder Pentameter besaß [49], der durch ein kleines Kreuz von dem nächstfolgenden Text getrennt war, selbst wenn diese Nahtstelle nicht haargenau mit der darunterliegenden, die Bildfelder trennenden Säule übereinstimmt.

Von dem Text des *Nordost-Segmentes des äußeren Kreises* ist noch «...OM(N)IBVS OM(NI)A PRESTAT +» vorhanden [50]. Die ersten zwei Wörter sind rot ausgefüllt, «prestat» hingegen schwarz. Außerhalb des Inschriftenbandes sind über den beiden M omegaförmige Kürzungszeichen angebracht. Die Buchstaben zeigen wieder schlichte Capitalisformen, ausgenommen das O in «omnia», das durch Gegenspitzen im Buchstabenkörper verziert ist und das A in «prestat», dessen Hasten durch einen in der Mitte nach unten schwingenden Strich verbunden sind. Das S der VS-Ligatur ist hier erstaunlich kurz geraten [51] (Abb. 11).

Die erhaltenen Teile der darunterliegenden Bildfläche zeigen rechts eine dicht gedrängte Figurengruppe, bestehend aus vier Männern, die sich einem etwa in der Mitte des Feldes stehenden Mann zuwenden. Dieser hält in seiner ausgestreckten Linken einen Gegenstand, den die äußeren drei Männer der Gruppe an-

Abb. 13. Südlicher Ornamentstreifen mit Inschrift des äußeren Kreises.

Abb. 14. Nördlicher Ornamentstreifen.

scheinend entgegenzunehmen trachten, denn sie haben mit offenen Händen ihre linken Arme erhoben und weisen auf diesen[52] (Abb. 15, 16). Auch ihre Kopfhaltung im Dreiviertelprofil und die Stellung des zu einer dieser Figuren gehörenden Fußes unterstützt ihre Wendung nach links. Nur der erste Mann der Gruppe scheint dieser Bewegung Einhalt zu gebieten: Er steht frontal da mit dem rechten Arm vor der Brust und nur sein Blick und sein Kopf im Halbprofil bekunden das Interesse an dem vorgehaltenen Gegenstand. Die Mittelfigur hingegen scheint sich, den spärlich erhaltenen Resten der Kopfpartie nach zu urteilen, vom Gegenstand oder von der Gruppe abzuwenden.

In Kleidung und kompositioneller Anordnung werden die Akteure dieser Szene klar voneinander geschieden (Abb. 2). Eng beieinander stehen die vier Männer der Gruppe da. Ihre genaue Anordnung ist wegen des schlechten Erhaltungszustandes des Fußbodens nicht eindeutig ermittelbar. Der Haltung der Arme nach waren sie wohl ursprünglich als hintereinander stehend, jeweils mit der linken Körperhälfte dem Betrachter zugewandt, dargestellt. Sie tragen, der Farbgebung nach zu schließen, alle die gleiche Kleidung wie der vorderste Mann. Dieser hat unter einem schwarz inkrustierten, um die Taille geschwungenen wadenlangen Obergewand eine rote langärmlige Tunika an, die um den Halsausschnitt leicht gebauscht ist und bis zu

den Knöcheln reicht. Seine Füße sind mit schwarzen spitzen Schuhen bekleidet. Er unterscheidet sich in der Kleidung von den Figuren hinter ihm nur insofern, als die Tunika der anderen Männer am Oberkörper anliegt und einen V-Ausschnitt aufweist.

Trotz der ähnlichen Kleidung sind die Figuren der Gruppe in ihrer Physiognomie und im Alter unterschieden. Die vorderste Figur stellt einen Mann mittleren Alters dar. Seine kurzen Haare liegen in leichten parallelen Wellen am Kopf an und bedecken halb das Ohr. Er trägt einen Oberlippenbart, der in den langen Vollbart übergeht (Abb. 16). Etwas jünger scheint die schwarz inkrustierte Figur hinter ihm zu sein. Über einer niedrigen Stirn sind die sehr kurz geschnittenen Haare in der Mitte gescheitelt. Das ausgeprägte Kinn ist von einem kurzen gelockten Bart bedeckt. Die beiden letzten Figuren stellen junge Männer dar. Ihre Gesichter sind bartlos und ihre wulstartigen ungeordneten Locken umgeben ungescheitelt den ganzen Kopf. Der Rechte ist schwarz, der Linke rot inkrustiert.

Anders ist die alleinstehende Figur dargestellt (Abb. 2). Herrscht auf der rechten Seite des Feldes Enge und dichtes Zusammendrängen zur Gruppe, so kann sich diese Figur in ihrer Bewegung frei entfalten. Breitbeinig, mit den Fußspitzen nach außen, steht sie da in einer kurzen roten Tunika, die ihre Knie und die wahrscheinlich mit Strümpfen und spitzen Schuhen bekleideten schwarzen Beine freiläßt. Die am Oberkörper kunstvoll in stumpfwinklige Falten drapierte Tunika ist in der Taille mittels eines über einem waagerechten Faltenbausch angebrachten, mit Andreaskreuzen verzierten Gürtels zusammengehalten und fällt dann locker herab. Schwach erkennbar ist der auf der Schulter liegende rote Umhang, der bis in Höhe der Tunika auf der linken Körperseite in schweren senkrechten Falten herabfällt. Der rote Gegenstand, der in seiner offenen Hand liegt, ist rund bis oval mit einem knaufartig verdickten Ende.

Diese Szene wird gegen die Mittelachse zu von einer Säule begrenzt, deren Kapitell sich noch erhalten hat (Abb. 17). Das Kapitell ist durch zwei große, auskragende Blätter gebildet, in deren Mitte ein kleines, viertelkreisförmiges Blatt mit fächerartiger Äderung sitzt. Das schwarz inkrustierte Kapitell berührt nur leicht, ohne Vermittlung einer Deckplatte, die Außenlinie des Kreises. Vom Schaftring und Säulenschaft ist nichts mehr erhalten geblieben.

Etwas aus der Kapitellmitte gerückt, setzt im Inschriftenband darüber der schwarz ausgeführte Text des *Südost-Kreisseg-*

Abb. 15. Figuren im nordöstlichen äußeren Kreissegment.

Abb. 16. Detail des nordöstlichen äußeren Kreissegmentes.

Abb. 17. Äußerer Kreis mit Säulendarstellung in der Mittelachse.

mentes an mit «QVO...» und endet mit «...ET(?) REPARARE + ». Das Q muß eine sehr lange Cauda gehabt haben, da der nächstliegende Buchstabe, das V, in relativ großem Abstand davon entfernt steht. Die letzten Buchstaben vor «reparare» sind, von den stark verkleinerten Aufnahmen her, nicht mit Sicherheit bestimmbar. Die erste, auf dem Inschriftenband noch sichtbare senkrechte Haste ist kein I, sondern gehört zu einem breiten Buchstaben wie E oder D usw., der nächstfolgende Buchstabe kann ein E oder T sein.

Erhalten haben sich in diesem Kreissegment Reste von zwei Figuren, eine dritte ist östlich davon zu erwarten (Abb. 18). Die südliche Figur ist bis auf den Kopf und die rechte Hand, die nur vage zu erahnen ist, vollständig erhalten. Links von ihr erscheint in Schulterhöhe der Rest ihres Namens «...TAS». Das α ist unzial gebildet. Diese Figur stellt wahrscheinlich eine Frau dar, denn sie trägt ein bodenlanges Gewand, das nur die Fußspitzen sichtbar läßt. Sie wendet sich leicht nach rechts, was sowohl an den Fußspitzen als auch an der Bewegung beider Arme erkennbar ist. Ihre Linke, leicht angewinkelt vor der Brust, umfaßt einen kurzen, länglichen, oben spitz zulaufenden Gegenstand, der an ein Messer oder einen Griffel erinnert. Den anderen Arm hat sie parallel dazu nach rechts gestreckt. Hier deuten die wenigen Spuren auf eine hohle Hand hin, in der womöglich auch ein Gegenstand lag. Sie ist mit einem schwarzen Untergewand bekleidet, über dem sie einen roten rundum geschlossenen Umhang trägt. Da auf der erhaltenen Schulterpartie keine Andeutungen von langen Haaren sichtbar sind, ist es wahrscheinlich, daß diese Figur einen Schleier trug. Die Kopfhaltung ist nicht mehr ermittelbar; so muß es auch unklar bleiben, ob zu der zweiten Figur, die bis in Kniehöhe zerstört ist, ein szenischer Zusammenhang besteht. Diese stellt einen frontal stehenden Mann dar, mit ähnlicher Fußhaltung wie bei der Mittelfigur des Nordost-Segmentes. Ein wadenlanges rotes Untergewand und ein schwarzer, beidseitig herabfallender Mantel lassen die Beine in schwarzen Strümpfen und spitzen Schuhen frei. Der links über das Untergewand geschlagene Mantel deutet an, daß die Figur ihren linken Arm eng am Körper anliegend oder vor der Brust trug.

Das Feld wird gegen Süden hin ebenfalls durch eine schwarze Säule begrenzt, von der ein Teil des Säulenschaftes erhalten ist, mit einem stark auskragenden Schaftring. Das Kapitell zeigt die schon auf dem Kapitell in der Mittelachse beobachteten umgeschlagenen Blätter zwischen einem fächerförmigen Mittelblatt.

Auch diese Säule hat keine «tragenden» Funktionen. Sie berührt nicht einmal die Abschlußlinie des Feldes.

Seitlich darüber setzt der Text für das *südliche Kreissegment* an: «GE...» ist nur erhalten. Die figürliche Darstellung darunter ist seitlich des Kopfes durch die roten Capitalisbuchstaben «PAT...» benannt. Erhalten hat sich nur der Oberkörper eines bärtigen Mannes, der sich nach links wendet und in seiner Rechten vor der Brust den Anfang eines Spruchbandes hält — anders ist der rechteckige, unterhalb der Hand nach unten knickende Gegenstand kaum erklärbar. Auf dem Kopf trägt er eine eng anliegende rote Mütze mit bandartigem Saum und kugeliger Bekrönung. Von seinem schwarz gezeichneten Gesicht im Dreiviertelprofil sind nur die Augenbrauen, die in das Nasenbein übergehen und der in parallele, leicht wulstartige Locken gelegte Vollbart noch erkennbar. Über einem schwarzen Untergewand mit V-Ausschnitt trägt er einen roten Mantel, der über der Schulter einen großen Bausch bildet, vielleicht eine Kapuze andeutend. Leider ist nicht mehr von dieser Figur erhalten. Die Photographien lassen erkennen, daß südlich davon nicht mehr weitergegraben wurde: Möglicherweise harren hier noch weitere Reste des Fußbodens unter der Erde ihrer Entdeckung.

Der innere Kreis ist durch ein schwarzes Inschriftenband vom äußeren Kreis getrennt. Die roten Buchstaben liegen in relativ großem Abstand voneinander entfernt, so daß die Vermutung naheliegt, daß hier nur Substantive oder sehr kurze Texte den einzelnen Segmenten zugeordnet sind. Es könnte sich allerdings auch um eine zusammenhängende, den ganzen inneren Kreis umspannende Inschrift handeln. Der stark fragmentarische Zustand läßt hier keine klaren Aussagen zu.

Im *nordöstlichen Segment* sind von der Inschrift nur noch die Buchstaben «...VM...» erhalten geblieben. Die figürliche Darstellung im Kreisfeld darunter zeigt einen Greis in leicht gebückter Haltung, der sich mit beiden Händen auf einen Stock stützt (Abb. 19). Die stark gelichteten Haare, die als wulstartige Löckchen über der hohen Stirn erscheinen, der lange gewellte Vollbart und die eingefallenen Wangen deuten auf sein hohes Alter hin. Er trägt eine kurze, von einem Gürtel zusammengehaltene, langärmlige Tunika, die seine nackten Beine freiläßt. Der Alte, ganz rot inkrustiert, wendet sich einer schwarzen sehr fragmentarisch erhaltenen mannshohen Ranke zu, die einen Weinstock darstellen soll. Eine zweite Figur, links der Ranke, ist anzunehmen.

17

Abb. 18. Südöstliches Kreissegment, Gesamtaufnahme.

Abb. 19. Figur im nordöstlichen Segment des inneren Kreises.

Ein ähnliches Motiv, jedoch mit umgekehrter Farbgebung, zeigt die Darstellung im *südöstlichen Kreissegment,* über der sich der Inschriftenrest «...P O M...» erhalten hat. Hier sind beidseitig einer roten Ranke zwei schwarz inkrustierte Figuren angeordnet (Abb. 20). Links der Ranke steht mit leicht angewinkelten Beinen ein junger Mann, der mit beiden Händen eine rote Hacke umfaßt und dabei ist, am Fuße des Weinstockes den Boden zu lockern. Von seinem Kopf im Dreiviertelprofil sind die leicht gewellten Haare und die weiche Kontur seines Gesichtsrundes erhalten geblieben. Sein kurzes Gewand mit enggefältelten Ärmeln schmiegt sich an die Oberschenkel an und fällt dazwischen in weichen U-förmigen Falten herab. Rechts der Ranke sitzt (oder kniet?) ein weiterer junger Mann, der mit beiden Händen einen langen Stock hält, wahrscheinlich um die Weinranken daran anzubinden. Er blickt sein Gegenüber an. Sein Kopf im Profil zeigt eine geschwungene hohe Stirn. Kurze Locken legen sich um seinen Hinterkopf. Im Gegensatz zu dem anderen Mann scheint er ein langes Gewand zu tragen, das über seinem linken hochgezogenen Unterschenkel herabfällt. Es ist unter der Brust von einem Gürtel zusammengehalten und über der Hüfte gebauscht. Aus dem breiten Stamm des roten Weinstockes wachsen kräftige Ranken nach links und rechts, die spiralförmig eingerollt in großen gelappten, umgeschlagenen Blättern enden. Die Anordnung der Ranken zu beiden Seiten des Stammes ist zwar nicht streng symmetrisch, wirkt aber trotz der naturalistisch anmutenden Blätter stark stilisiert (Abb. 32). Gegen Westen hin wurde diese Darstellung von einer späteren Bestattung gestört (Abb. 18).

Stark beschädigt und in großen Teilen ganz zerstört ist der Fußboden auch im Bereich der *Kreiszwickel.*

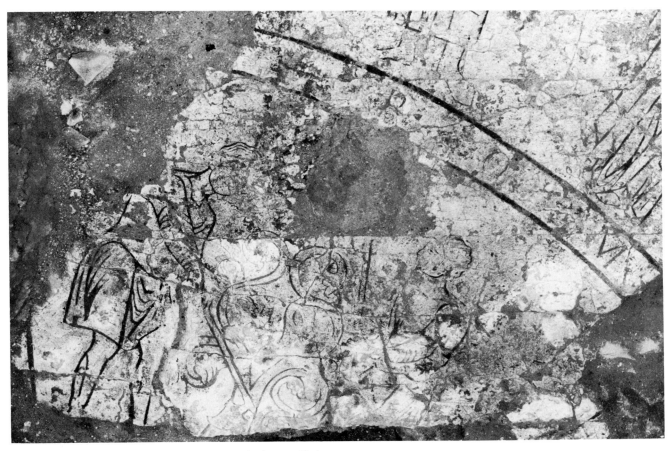

Abb. 20. Figurengruppe im südöstlichen Segment des inneren Kreises.

Im *nordöstlichen Zwickel* (Abb. 21) ist noch ein kleines Fragment vorhanden, mit den schwarzen Buchstaben «...EMP...» (MP verbunden). Unterhalb des Inschriftenbandes, das den Bereich der Kreisdarstellung von dem Ornamentstreifen trennt, kamen die Buchstaben «...REAS» zutage. Zwei weiter nördlich befindliche, halbrunde Linien könnten ebenfalls von Buchstaben stammen: die erste vielleicht von der unteren Rundung eines B; die zweite könnte zu einem O ergänzt werden. Dies ergäbe «BOREAS». Die restlichen Inkrustationsspuren sind ohne jeglichen Zusammenhang. Erkennbar sind flammenartige Linien, die als Flügelenden oder Ähnliches gedeutet werden können.

Im *südöstlichen Zwickel* ist ebensowenig von der gesamten Darstellung erhalten, die Fragmente des Fußbodens sind dafür aber in gutem Zustand (Abb. 22). Im südlichen Teil des Zwickels kann man den Ansatz eines runden Medaillons erkennen, das – wie die Kreisdarstellung – von einem umlaufenden schwarzen Streifen gerahmt ist, hier jedoch ohne Inschrift. Westlich davon ist ein roter Drache dargestellt, der im geöffneten Maul ein schwarzes Band trägt, das sich nach Süden fortzusetzen scheint. Seine langgezogene, rund endende Schnauze mit den furchterregenden Nüstern, der kleine Kopf mit dem großen Auge, die scharf umgeknickten und an der Brust angepreßten Vorderbeine, die in scharfen Krallen enden, sowie der Ansatz der Flügel am Rücken, – all diese Details der Darstellung sind relativ gut erhalten und geben dem Tier einen lebendigen Ausdruck (Abb. 34). Der hintere Teil des Körpers ist zerstört. Man könnte ihn sich allerdings – analog zu Drachendarstellungen in der Buchmalerei jener Zeit – schwanzartig vorstellen (Abb. 35 und 36).

Abb. 21. Nordöstlicher Zwickel außerhalb des Kreises.

Abb. 22. Südöstlicher Zwickel außerhalb des Kreises.

Ikonographie

Die Figuren in den Arkadenfeldern

Nach den bereits in der Beschreibung genannten Namensbeischriften können die Figuren in den Arkadenbögen eindeutig identifiziert werden: es handelt sich um die drei Stifter des Klosters Benediktbeuern und um den Heiligen Bonifatius.

Landfrid, Waldram und Eliland sollen drei Brüder[53] aus der Huosifamilie gewesen sein, die sich im 8. Jahrhundert in Südwest-Bayern durch zahlreiche Klostergründungen wie Kochel, Scharnitz, Schlehdorf, Innichen u. a. auszeichnete. Der Zeitpunkt der Klostergründung Benediktbeuerns ist nicht bekannt. Am 22. Oktober 739 oder 740 soll aber schon die erste Kirche geweiht worden sein, und zwar durch Bonifatius, der 739 in Staffelsee ein Bistum errichtete, das allerdings schon um 800 dem Bistum Augsburg einverleibt wurde[54]. Von dieser ersten Kirche ist nur überliefert, daß sie ein Bleidach trug[55].

Landfrid stand bis 772 dem Kloster als Abt vor. Er war ein gebildeter Mann[56], richtete die Schulanstalt des Klosters ein, nahm an der Synode von Dingolfing teil und unterhielt enge Verbindungen mit anderen Benediktinerklöstern. So widmete ihm Abt Ambrosius Autpertus (gest. 784) aus S. Vicenzo am Volturno (Benevent) ein Traktat «De conflictu vitiorum atque virtutum»[57].

Nach seinem Tod folgte ihm sein Bruder Waldram in der Abtswürde. Zur Person dieses Abtes fehlen nähere Hinweise, auch die Dauer seiner Amtszeit ist unbekannt. Zu seiner Zeit sollen angeblich die Bücherschenkungen der fränkischen Prinzessin Kysila aus dem Kochler Frauenkloster nach Benediktbeuern gelangt sein – ein Topos, um die Geschichte des Klosters mit bedeutenden Persönlichkeiten zu schmücken, wie Paul Ruf nachgewiesen hat[58].

Vom nächsten Abt, Eliland, ist nur überliefert, daß er als Liebling Karls des Großen von diesem mehrere Bücher, darunter eine Bibel, ein Exemplar der Regel des Heiligen Benedikts mit einem «Autographum» des Heiligen und zwei Homilien des Paulus Diaconus erhielt[59].

Nach mehreren Chroniken wurde auch die Armreliquie des Hl. Benedikt zusammen mit den Büchern von Karl dem Großen dem Kloster überreicht. Diese erwies sich aber durch das daran befindliche Siegel als ein Geschenk des Papstes Hadrian (772–795)[60], der auch andere Huosiklöster mit Reliquien ausgestattet hatte (Scharnitz–Schlehdorf mit denen des Hl. Tertullin, Innichen mit Reliquien des Hl. Candidus)[61].

Anhand dieser wenigen biographischen Angaben zu den Stiftern läßt sich die Darstellung im südlichen Arkadenfeld näher erläutern.

Bonifatius, der mit der Klostergründung in der geschichtlichen Überlieferung aufs engste verbunden ist, überreicht Landfrid ein Buch. Sinnbildlich stellt diese Handlung die Klostergründung, die Schaffung der geistigen Grundlagen für das Kloster dar. Mit diesem Buch soll daher die Ordensregel gemeint sein, selbst wenn ein Exemplar derselben nachweislich erst später ins Kloster kam. Wie hoch der Wert der Ordensregel eingeschätzt wurde, zeigt die Aufzählung der Schenkungen Karls des Großen, wo die Regelhandschrift vor den Reliquien des Hl. Benedikt genannt wird[62]. Diese Handschrift ging während des Ungarnsturms verloren, Abt Ellinger ersetzte sie aber 1031 durch ein neues Exemplar. Auch dieses wird im Bücherverzeichnis der aus Tegernsee mitgebrachten Bücher als erstes aufgelistet[63].

Der später amtierende Abt Eliland zeigt keinen Bezug zur Darstellung der Klostergründung. Die Handschrift mit dem kostbaren Buchdeckel in seinen Händen könnte sich also auf die Bücherschenkungen Karls des Großen beziehen. Aber welches Buch meint die Darstellung? Die Bibel und die Ordensregel sind nicht erhalten geblieben. Mit den genannten Homilien meinten die Chronisten den Clm 4533 und Clm 4534 der Münchner Staatsbibliothek, doch diese erwiesen sich als Handschriften des späten 9. Jahrhunderts[64]. Sie verbergen sich vielleicht unter den «Tres nove omelie et tres vetuste» aus einem Bibliothekskatalog aus der Mitte des 13. Jahrhunderts[65]. Von einem kostbaren Einband dieser Handschriften konnte nichts in Erfahrung gebracht werden. Daher könnte das Buch in Elilands Händen die Bücherschenkungen als Ganzes versinnbildlichen, falls jedoch ein bestimmtes Buch gemeint sein sollte, kommt die im Rotulus historicus (1052–1056) genannte Bibel[66] am ehesten in Frage.

Die Stifter sind in beiden Arkadenfeldern unterschiedlich dargestellt: im nördlichen als Äbte mit Nimbus und Abtsstab in ihrer Benediktinertracht, im südlichen in weltlich anmutenden Gewändern, aber tonsuriert. Der Grund dieser Darstellungsdifferenzierung mag darin liegen, daß südlich ein «historisches» erzählendes Bild der Stifter geschaffen werden sollte, im anderen Feld hingegen eine repräsentative Figurenreihe.

Bildnisreihen von Äbten und Bischöfen sind literarisch für die karolingische Wandmalerei überliefert und seit dem 10. Jahrhundert in Handschriften, an Reliquienschreinen und Altaraufsätzen erhalten[67]. Es handelt sich immer um das gleiche Kompositionsschema: Die ganzfigurigen Äbte, Bischöfe oder Patrone, in chronologischer Reihenfolge, stehen im «feierlichen Nebeneinander»[68] in architektonischer Umrahmung. Dreiergruppen sind in Handschriften besonders beliebt. Das beste Beispiel ist das Gundekarianum im Eichstätter Domkapitel (1070/1071), das die Eichstätter Bischöfe und Schutzpatrone der Diözese unter Arkaden, Giebeln oder von Vorhängen abgetrennten Nischen stehend zeigt[69]. Dreiergruppen bevorzugt auch das nach 1090 in St. Emmeram entstandene Evangelienbuch Heinrichs IV. im Dom zu Krakau[70]. Die Bischöfe stehen hier unter Arkaden, die auf Säulen ruhen und deren Bögen die Namen der Dargestellten tragen, der mittlere frontal, die seitlichen wenden sich leicht ihm zu, so wie dies auch im nördlichen Arkadenfeld unter der gleichen architektonischen Rahmung die Stifter auf unserem Fußboden tun. Die Bischöfe tragen die gleiche Kleidung und jeweils in ihren Dreiergruppen die gleichen Attribute: Bischofsstab und Buch. Außerdem umgibt sie ein Nimbus.

Der Nimbus ist bei der Darstellung der Stifteräbte im nördlichen Arkadenfeld auffallend, da sie in den Namensinschriften nicht «sancti» genannt werden. Die überlieferten Heiligenkalendarien des Klosters, die aus der Mitte des 11. Jahrhunderts (Clm 4563) und aus der Zeit um 1100 (Clm 4622) stammen[71], führen die Stifter nicht als Heilige auf. Auch das Chronicon Benedictoburanum, um 1150, nennt sie nur «viri clarissimi»[72], ebenso eine Urkunde im Benediktbeuerer Traditionsbuch (1145–1154), in der sie nur als «abbates et constructores huius loci»[73] gewürdigt werden. Um 1256 jedoch werden sie als Heilige verehrt[74] und ihre Gebeine treten wie durch ein Wunder 1288 beim Einsturz des Kirchengewölbes an drei Stellen in der Kirche zutage[75]. Noch im 12. Jahrhundert sollen aber ihre

Namen in den Heiligenkalender des Klosters nachgetragen worden sein[76]. Es ist daher wahrscheinlich, daß die Verehrung der Stifteräbte als Heilige, mit dem Fest für alle drei Äbte am 10. Juli, dem Todestag Landfrids[77], im Lauf der zweiten Hälfte des 12. Jahrhunderts zögernd eingesetzt hat, ersichtlich auch an der Unstimmigkeit zwischen Nimbus einerseits und Namensinschrift andererseits, und sich erst im 13. Jahrhundert, genährt durch die Auffindung ihrer Gebeine 1288, durchgesetzt hat. Der Kult dieser Stifter hatte nur eine lokale Bedeutung, und die Bildnisse auf dem Benediktbeuerer Fußboden sind deshalb ihre einzige erhaltene mittelalterliche Darstellung.

Auch Bonifatius gehört im Mittelalter zu den relativ selten dargestellten Heiligen. Zwar existierte schon im 9. Jahrhundert ein Wandgemälde mit Bonifatius und acht weiteren Mainzer Bischöfen, wie aus einem Gedicht des Hrabanus Maurus (847–856) hervorgeht[78], aber auch spätere Darstellungen treten vereinzelt auf. Als Einzelfigur in Bischofstracht mit Pallium und Kasel, ein Buch vor der Brust haltend, erscheint er am Buchdeckel des Codex aureus von Echternach (Trier, 985–991) im Germanischen Nationalmuseum Nürnberg, und sein Martyrium ist in einer Handschrift des 10. Jahrhunderts aus Lucca (Bibl. pubblica Cod. 1275) und in zwei Sakramentaren des 11. Jahrhunderts aus Fulda, eines in Göttingen (Universitätsbibliothek Cod. MS theol. 23), das andere in Udine (Bibl. capitolare Cod. 176 V) dargestellt[79]. Ein Silberaltärchen der Hl. Walpurga aus Eichstätt um 1100[80] und das Steinrelief aus der Liobakirche auf dem Petersberg in Fulda[81] zeigen ihn als Bischof ohne besondere Attribute. Die Wandgemälde der Apsiskalotte im Ostchor des Mainzer Domes aus dem Ende des 12. Jahrhunderts, wo Bonifatius rechts vom thronenden Christus dargestellt war, sind leider nicht mehr erhalten geblieben[82].

Unsere Bonifatius-Figur gliedert sich in die Reihe dieser Darstellungen ein und bringt auch keine ikonographischen Neuerungen zur Gestalt dieses Heiligen, dem erst in der zweiten Hälfte des 15. Jahrhunderts sein typisches Attribut, der Dolch, zugewiesen wird[83].

Offen blieb bei der Beschreibung der Inkrustationen das Problem, ob Bonifatius als «confessor» oder als «episcopus» benannt wird. Beide Bezeichnungen kämen in Frage[84]. Aus den Quellen geht jedoch hervor, daß er nur als Bischof und Märtyrer verehrt wurde. So nennt ihn das Verzeichnis der zwischen 1048 und 1058 aus Fulda nach Benediktbeuern gebrachten Reliquien (Clm 4653) «sancti Bonefacii archiepiscopi et martyris»[85], oder ein weiteres Verzeichnis aus der zweiten Hälfte des 11. Jahrhunderts (Clm 5466), das ihn unter den Märtyrerreliquien aufführt, «sancti Bonifacii episcopi»[86]. Auch in den Heiligenkalendarien wird er nie «confessor», sondern nur «episcopus» genannt[87]. Hinsichtlich der Lesung der Inschrift im Arkadenbogen ist daher mit größter Wahrscheinlichkeit ein E hinter seinem Namen zu vermuten.

Die Darstellungen im äußeren Kreis

Leider sind die Figuren und Inschriften des großen Kreises so stark zerstört, daß nicht ein einziges Kreissegment ikonographisch auf den ersten Blick bestimmbar ist. Trotzdem geben einige Einzelheiten der Darstellung gewisse Hinweise zur Deutung der Figuren.

Als erstes weist die Endung «... TAS» links der Frau im südöstlichen Kreisfeld auf eine Tugenddarstellung hin. Aber welche Tugend ist gemeint? Bildet das frühe Mittelalter meist nur die

vier Kardinaltugenden Temperantia, Prudentia, Fortitudo und Iustitia ab, so regt im 11. und 12. Jahrhundert eine zahlreiche Schar von Tugenden die Künstler und Theologen zu allegorischen Programmen an. Eine Großzahl der Tugendnamen, die auf -tas enden, stehen uns somit zur Verfügung.

Caritas, die auch als Bonitas, Benignitas oder Largitas bezeichnet wird, und Humilitas sind die bekanntesten. Aber schon im Codex aureus von Echternach, Ende 10. Jahrhundert (Germ. Nationalmus. Nürnberg)[88], sind auf fol. 113 außer Humilitas, Honestas (Ehrbarkeit) und Venustas (Anmut), auf fol. 114 Virginitas (Jungfräulichkeit), Sobrietas (Nüchternheit) und Castitas (Keuschheit) abgebildet. Sie sind als weibliche Halbfiguren, teilweise nimbiert, mit einem Palmzweig in der Hand in Medaillons dargestellt. Eine Prüfeninger Handschrift um 1165 (Clm 13002)[89] enthält eine Miniatur mit der Darstellung der Caritas, Humilitas und Sobrietas und auch der Longanimitas (Langmut), die wohl identisch mit der sonst üblichen Patientia ist (Abb. 23). Die Himmelfahrtskuppel von San Marco in Venedig, Ende 12. Jahrhundert[90], zeigt ein ähnlich reiches Tugendenprogramm, das zu Anfang des 13. Jahrhunderts auch am Portalschmuck derselben Kirche in Erscheinung tritt (16 Tugenden, darunter Benignitas, Humilitas, Castitas, Caritas u. a.)[91]. Bis zu 18 und 19 Tugenden sind auf Hansaschüsseln des 12. und 13. Jahrhunderts vertreten. Auf einer 1885 in Gent gefundenen Schüssel fand man unter anderen Tugendnamen Pietas und Sanctitas[92]. Bonifatius zählt in einem Gedicht je 10 Haupttugenden und Hauptlaster auf, unter denen sich eine Veritas befindet[93].

Abb. 23. Clm 13074, fol. 120 – Regensburg-Prüfening, um 1165.

21

Diese Anzahl von Tugenden, die für die Darstellung in Frage kommt, wird durch das undeutliche Attribut, das die «...TAS»-Figur in ihrer linken Hand hält, nicht wesentlich eingegrenzt.

Caritas, die seit der Mitte des 12. Jahrhunderts in allegorischen Programmen mit Fides und Spes auftritt, ist oft nur durch die Namensbeischrift erkennbar. Dies gilt besonders für die Goldschmiedekunst des Rheinlandes[94]. Auf der Schmalseite des Heribert-Schreines aus Köln-Deutz (1170/80) erscheint sie mit Humilitas, ebenfalls ohne Attribut[95]. In der Goldschmiedekunst des Maaslandes werden die theologischen Tugenden meist durch weitere ergänzt und als Halbfiguren mit Nimbus, manchmal auch mit Flügeln, dargestellt. Individuelle Attribute fehlen weitgehend. Dies trifft auf das Scheibenreliquiar aus Namur, um 1170 (Archäologisches Museum), zu, wo Caritas, Fides, Spes und Humilitas, alle mit Flügeln, durch Inschriftenscheiben gekennzeichnet sind. Allein Humilitas hält ein Kreuz in ihrer Rechten[96]. Am Ghislain-Schrein, um 1180, in St. Ghislain bei Mons in Belgien sind Fides, Pudicitia, Patientia, Spes, Caritas und Temperantia als Jungfrauen dargestellt. Sie sind mit Büchern ausgestattet, aber nur durch Beischriften unterschieden[97]. Dies trifft auch zum großen Teil auf die 17 Tugenden des Klosterneuburger Altars von Nicolaus von Verdun (1181) zu: Außer den vier Kardinaltugenden, deren Ikonographie schon in ottonischer Zeit feststand, sind ihnen nur ihre Namen beigegeben[98]. Am Gundolf-Schrein im Musée Cinquantaire in Brüssel, um 1170/80, sind Caritas, Fides, Spes und Iustitia um die Mittelfigur der Veritas gruppiert. Caritas hält in ihren Händen, als Attribute der Nächstenliebe, ein Brot und eine Schale, mit Anspielung auf die Werke der Barmherzigkeit[99]. In diese Richtung entwickelt sich gegen Ende des 12. Jahrhunderts die Ikonographie der Caritas als Spenderin in der französischen Kathedralplastik weiter. Besonders unter dem Einfluß des Martinskultes wird sie mit einem Bettler dargestellt, dem sie den Mantel reicht[100].

In der Buchmalerei des 12. Jahrhunderts ist Caritas nur selten dargestellt; einmal thronend, wobei sie in den Händen die Büsten der Fides und Spes hält (Salzburger Handschrift, Mitte des 12. Jahrhunderts, Wien, Nat. Bibl. Cod. 1357, fol. 92)[101], einmal stehend, nimbiert und gekrönt zwischen ihren Schwestertugenden, die «Moralia in Hiob» von Gregor dem Großen illustrierend (Bibel von Floreffe, um 1150, London, British Mus. Add. 17737–17738)[102]. In der Prüfeninger Handschrift Clm 13002 ist die gekrönte Caritas auf einem Thron mit einem Spruchband in der Linken und einem Pokal in der Rechten wiedergegeben (Abb. 23 oben rechts)[103].

Im Vergleich mit diesen Beispielen ist festzustellen, daß keines der Attribute, die den jeweils dargestellten Tugenden beigegeben sind, dem Gegenstand gleicht, den die «...TAS»-Figur des Fußbodens in ihren Händen hält.

Dies trifft auch für Humilitas-Darstellungen zu. Außer der schon genannten Frau mit Kreuz und Inschriftenscheibe auf dem Namurer Scheibenreliquiar kommt Humilitas in den Mittelmedaillons der Hansaschüsseln, umgeben von Fides, Spes, Caritas und Patientia, vor. Sie thront mit Büchern in beiden Händen[104]. Im Clm 13002 hält Humilitas in der Linken ein Spruchband, während sie mit der Rechten den neben ihr stehenden David krönt (Abb. 23 unten rechts)[105].

Die weiteren, oben aufgezählten Tugenden auf -tas kommen in der bildenden Kunst des Mittelalters recht selten vor und haben keine individuellen Attribute. Eine ikonographische Deutung der Frauengestalt im südöstlichen Kreissegment des

Fußbodens anhand der Vergleichsbeispiele ist daher leider nicht möglich.

Im südlichen Kreisfeld ist ein bärtiger Mann mit einer enganliegenden Mütze inkrustiert. Kopfbedeckungen dieser Art sind recht selten dargestellt worden. Sie geben einen Hinweis auf den Personenkreis, der sie trägt. Einerseits zieren sie die Häupter antiker Autoren. Eine identische Mütze trägt zum Beispiel Cicero auf dem Dedikationsbild zu einer Abschrift seiner Werke aus Corvey, um 1150 bis 1158 (Tübingen; Stiftung Preuß. Kulturbesitz, Depot der Staatsbibl. Ms. lat. fol. 252)[106]. Mit ähnlichen von Knöpfen bekrönten Kappen sind die Häupter des Hippocrates und Galenus auf den Fresken in der Krypta des Domes zu Anagni bedeckt[107]. In beiden Fällen sind die antiken Gestalten bärtig mit nackenlangen bis schulterlangen Haaren und mit einem vorne geschlossenen Mantel bekleidet. Andererseits charakterisieren derartige Kopfbedeckungen Vertreter des Alten Testamentes: Moses hat eine weiß-rot gefleckte Mütze auf, Jesaias genau die gleiche, mit umgebogenem Saum und Spitzenknopf, wie die Figur auf dem Fußboden, – dies im Albani-Psalter aus Hildesheim aus der ersten Hälfte des 12. Jahrhunderts[108]. Baradach, der Feldherr des Königs Xerxes, trägt bei seiner Begegnung mit Simon und Judas ebenfalls diese Kopfbedeckung, – dies in einer Handschrift der «Vitae et passiones Apostolorum» aus Regensburg-Prüfening, um 1170/80 (Clm 13074, fol. 120)[109] (Abb. 24). In einem Fresko

Abb. 24. Clm 13074, fol. 120 – Regensburg-Prüfening, um 1170/80 (Detail).

der Taufkirche in Brixen, um 1250, ist es der Prophet Daniel im Rahmen einer Darstellung der sedes sapientiae, dessen Haupt mit einer Kappe dieser Art bedeckt ist[110]. Jesaias und Daniel sind zwar bartlos, ansonsten gleichen auch diese Figuren in Haartracht und Bekleidung dem Mann im südlichen Kreisfeld des Fußbodens[111].

Die Figuren im äußeren Kreis des Schmuckfußbodens fügen sich also zu einem Programm zusammen, das Tugenden mit Vertretern des Alten Testamentes oder der Antike vereint, teils als repräsentative Gestalten, teils als Figuren in szenischem Zusammenhang, die auf dem nordöstlichen Kreissegment zu sehen sind.

Eine Verbindung von Tugenden mit Vertretern der Antike ist mangels Beispielen aus der bildenden Kunst und aus der theologischen Literatur auszuschließen. Für die Darstellung der Tugenden mit Repräsentanten des Alten Testamentes zeugt aber einerseits die Miniatur des schon mehrmals genannten Clm 13002 aus Prüfening, andererseits eine Stelle aus den «Moralium libri» Gregors des Großen (Praefatio, caput VI, 13-14) Darin heißt es:

«Ut ergo noctis nostrae tenebras suo tempore editus vicissimque permutatus stellarum radius tangeret,
ad ostendendam innocentiam, venit *Abel;*
ad docendam actionis munditiam, venit *Enoch;*
in insinuandam longanimitatem spei et operis, venit *Noe;*
ad manifestandam oboedientiam, venit *Abraham;*
ad demonstrandam conjugalis vitae castimoniam, venit *Isaac;*
ad insinuandam laboris tolerantiam, venit *Jacob;*
ad rependendam pro malo bonae retributionis gratiam, venit *Joseph;*
ad ostendendam mansuetudinem, venit *Moyses;*
ad informandam contra adversa fiduciam, venit *Josue;*
ad ostendendam inter flagella patientiam, venit *Job.»*[112].

Diese Idee, Tugenden durch Gestalten des Alten Testamentes zu verdeutlichen, tritt uns schon in der Bamberger Apokalypse von 1001/02 (Staatsbibliothek Bamberg) entgegen: Auf fol. 60' stehen vier in lange Gewänder und mit Kopfschleier gekleidete Frauen auf kleinen nackten Gestalten und bedrohen diese mit einer Lanze. Mit der linken Hand umfaßt jede den Arm einer alttestamentarischen Figur (Abb. 25). Die Inschriften über den in zwei Bildstreifen angeordneten Darstellungen – «JVSSA D(E)I CO(M)PLENS? MUNDO SIS CORPORE SPLENDENS/POENITEAT CULPAE? QUID SIT PATIENTIA DISCE» – geben keine klaren Hinweise auf die Identität der Figuren: «Die unteren (Figuren) lassen sich ... als (reuiger) David und (geduldiger) Hiob benennen, die oberen sind nicht genauer gekennzeichnet»[113]. Katzenellenbogen deutet die oberen Figuren als Abraham mit Oboedientia und Moses mit Munditia[114]. Die Verbindung von Abraham mit Oboedientia und Hiob mit Patientia entspricht derjenigen Gregors des Großen im «Moralium liber». Diese Miniatur sollte die Tugendhaftigkeit König Heinrichs II. hervorheben, der auf dem gegenüberliegenden Blatt thronend dargestellt ist.

Auf sechs maasländischen Emailplatten um 1170, im Heiltumsschatz von St. Stefan in Wien, die wahrscheinlich das Dach eines Ciboriums zierten, sind andere Tugenden mit alttestamentarischen Szenen kombiniert: Iustitia mit dem Opfer Abrahams, Prudentia mit Jakob, der Manasse und Ephraim segnet, Temperantia mit der Heimkehr der Kundschafter aus dem Heiligen Land (4 Moses 13, 17–26) (Abb. 26) und Pietas mit der Kennzeichnung aller jüdischen Häuser mit dem Signum Tau (2 Moses 12, 1–14)[115]. Die Tugenden, nimbierte Halbfiguren mit ihren Attributen, sind durch Streifen, die ihre Namen tragen, von den darüber liegenden Szenen getrennt. Vier Emailplatten mit der Darstellung je eines Windes schmückten die Giebel des Ciboriumdaches, das wahrscheinlich kreuzförmig war. Erhalten haben sich die Platten mit den Figuren des Nordwindes «AQUILO» und des Südwindes «AUSTER». Sie zeigen männliche Halbfiguren, flankiert von zwei liegenden Köpfen, wohl Nebenwinde, die nach oben pusten. Der Bezug der Tugenden zu den alttestamentarischen Szenen ist hier nicht so eng wie in der Bamberger Apokalypse. Gewählt wurden keine Repräsentanten, die die jeweilige Tugend verkörpern, sondern ganze Szenen, die durch die begleitenden Inschriften einen christologischen Symbolgehalt bekommen, dem sich die Tugenden unterordnen.

Abb. 25. Bamberger Apokalypse, fol. 60', um 1001/02.

Abb. 26. Emailtafel, maasländisch um 1170.

Eine ganz andere «pädagogische» Absicht verfolgen die Miniaturen im Clm 13002. Die Tugenden und deren Repräsentanten auf fol. 4 werden den Lastern und deren Repräsentanten auf fol. 3' gegenübergestellt: Cupiditas – Caritas, Opulentia – Prudentia, Honoris appetentia – Longanimitas, Potentia – Mansuetudo, Gloria (Superbia) – Humilitas, Voluptas – Sobrietas. Die antithetische Aufstellung des Clm 13002 ist aus keiner literarischen Quelle bekannt. Allein das Paar Superbia – Humilitas ist durch Isidor von Sevilla[116] geläufig, und von Augustin ist die Gegenüberstellung der Caritas, die er als Wurzel aller Tugenden ansieht, mit Cupiditas geprägt[117]. Die Tugenden des Clm 13002 (Abb. 23) sind folgendermaßen dargestellt: Caritas thront gekrönt unter einem «Hierusalem» bezeichneten Bauwerk, aus dessen vier Türmen die vier Kardinaltugenden herausschauen. Sie reicht der «Filia Syon» einen Pokal. David steht daneben und weist auf die Szene. Die nächste Darstellung zeigt Joseph thronend, wie er seine Brüder «Fili Jacob» empfängt mit den Worten «Vos cogitatis de me malum, sed deus convertit in bonum» (1 Moses 50, 20). Links von ihm steht Prudentia. Auf der rechten Seite des nächsten Bildstreifens ist die Ehrung des Mardochäus nach Ester 6, 11 dargestellt: Aman führt das Pferd des reitenden Mardochäus, Longanimitas steht am Bildrand und weist auf die Szene. Auf der linken Seite assistiert Mansuetudo der zweiten Gesetzestafelübergabe an Moses und dessen Gespräch mit den Juden, hier Aaron und Josua, nach 2 Moses 34, 29–31. Schließlich krönen im unteren Bildstreifen rechts Humilitas und Samuel König David, während in der Szene links Sobrietas der Himmelfahrt des Elias mit Elisa – zu seinen Füßen der Mantel des Elias – beiwohnt[118]. Die Tugendgestalten sind mit Ausnahme der Caritas nur durch Beischriften und Spruchbänder kenntlich gemacht.

Auch für die Wahl der Repräsentanten und alttestamentarischen Szenen im Clm 13002 ist keine literarische Quelle, der man wort-wörtlich folgen könnte, bekannt. Das Paradigma der Mansuetudo – Moses trifft man bei Gregor in der oben zitierten Stelle des «Moralium liber» an. Ansonsten ist sowohl die Wahl der Laster und Tugenden als auch der dazugehörigen Repräsentanten dem Erfindungsgeist der Prüfeninger Mönchen überlassen worden, wobei wahrscheinlich das Figurenmotiv eine gewisse Rolle mitgespielt hat, da die antithetischen Darstellungen sich formal entsprechen.

Im Kloster Benediktbeuern war ein Teil der einschlägigen Literatur zur Tugendlehre um die Mitte des 13. Jahrhunderts sicher vorhanden. Der Bibliothekskatalog dieser Zeit führt die Bücher «Augustinus de civitate dei» und «Moralia Gregorii in duobus voluminibus»[119] auf, außerdem die beliebte «Prudencius sichomahie»[120], die aber mit Kampfszenen der Tugenden gegen die Laster illustriert wurde und somit für den Fußboden als Quelle nicht in Frage kommt. An die Vorstellungen der «Moralia» Gregors könnte aber das Programm der äußeren Kreisdarstellung anknüpfen.

Die Szene im nordöstlichen Kreissegment müßte dann eine alttestamentarische Geschichte illustrieren. Formal ist sie am ehesten mit der Josephdarstellung des Clm 13002 vergleichbar. Die vier Männer verschiedenen Alters, die sich mit bittender Geste der Mittelfigur nähern, entsprechen zwar zahlenmäßig der Bibelgeschichte nicht, aber für die Darstellung von elf Personen hätte der Platz im Kreisfeld nicht ausgereicht. Eine Beischrift über ihren Köpfen wie im Clm 13002 hätte Klarheit gebracht. Auch die Identifizierung der Mittelfigur als Joseph ist fraglich. Im Clm 13002 thront er mit einem langen Gewand bekleidet; auf dem Benediktbeuerer Fußboden steht er in ein kur-

zes Gewand gehüllt und reicht seinen Brüdern einen Gegenstand. Das Motiv des stehenden Josephs beim Empfang seiner Brüder wäre, sollte die Deutung zutreffen, singulär. Die wenigen Parallelen zeigen ihn immer thronend, so die byzantinische Wiener Genesis aus dem 6. Jahrhundert (Wien, Nat. Bibl., Cod. Vindob. Theol. Graec. 31) und verwandte Handschriften[121] oder die Glasfenster aus der Zeit um 1200 im nördlichen Chorumgang der Kathedrale von Canterbury[122].

Mit kurzem Gewand, jedoch in anderem Szenenzusammenhang, erscheint Joseph auf einer Kuppel der Vorhalle von San Marco in Venedig, Anfang 13. Jahrhundert[123], oder in einer griechischen Handschrift des Vatikans (Cod. gr. 746 fol. 135)[124]. Entscheidend aber für die Deutung der Mittelfigur als Joseph ist die Tatsache, daß diese sich abwendet oder jedenfalls die Herantretenden nicht anblickt. Diese Geste würde der Bibelstelle 1 Moses 42, 7–8 entsprechen, wo Joseph von seinen Brüdern unerkannt bleibt, oder sie könnte auf die Szene in 1 Moses 43, 29–31 bezogen werden, wo es heißt, daß Joseph bitterlich weinte, als er seinen Lieblingsbruder Benjamin erkennt. «Und da er sein Antlitz gewaschen hatte, ging er heraus, und hielt sich fest, und sprach: Legt Brot auf!» (1 Moses 43, 31). Der leider halb zerstörte und auf dem Photographien nur undeutlich sichtbare Gegenstand in seiner Hand könnte ein Brot sein, oder aber ein Geldbeutel in Anspielung auf die Geschichte, daß Joseph von seinen Brüdern das Geld für den Kauf von Getreide nicht annimmt. Im letzteren Fall könnte die Szene die Bibelstelle in 1 Moses 42, 24–25 illustrieren, in der es heißt: «Und er wandte sich von ihnen und weinte. Da er nun sich wieder zu ihnen wandte und mit ihnen redete, nahm er aus ihnen Simeon und band ihn vor ihren Augen. Und Joseph tat Befehl, daß man ihre Säcke mit Getreide füllte und ihr Geld wiedergäbe, einem jeglichen in seinen Sack, dazu auch Zehrung auf den Weg; und man tat ihnen also.»

Allerdings fehlt dann die Gefangennahme Simeons in der Darstellung. Den tieferen Sinn aber, die Vergeltung des Bösen durch eine gute Tat, kann man durch beide Episoden der Josephsgeschichte darstellen, und dieser Gedanke ist es auch, der Joseph mit einer Tugend verbindet. Das Spruchband Josephs im Clm 13002 drückt es aus, und auch Gregor spielt darauf an.

In Gregors Gegenüberstellung von Tugenden und alttestamentarischen Gestalten ist Joseph ein Repräsentant der «gratia». Diese Tugend wird von Hugo von St. Victor in seinem schematischen Bild des Tugendbaumes der Caritas zugeordnet[125]. Demnach kann man sie wohl auch bei Gregor der Caritas gleichsetzen.

Die Deutung der Szene im nordöstlichen Kreisfeld als Illustration zur Josephsgeschichte ist keineswegs unproblematisch, aber aus der Geschichte der übrigen alttestamentarischen Gestalten, die als Repräsentanten von Tugenden in den Vergleichsbeispielen, Clm 13002 und bei Gregor, vorkommen, kommt keine Darstellung der Szene des Fußbodens von Benediktbeuern näher.

Nimmt man die hier vorgeschlagene Deutung als Arbeitshypothese an, so könnte man versuchsweise das Gesamtprogramm des äußeren Kreises rekonstruieren.

Folgen wir Gregor dem Großen, so würde Joseph als Paradigma der Caritas am Fußboden im nordöstlichen Feld erscheinen. Der Inschriftenrest «omnibus omnia prestat» könnte eventuell im Sinn der Caritas als Gottesliebe gemeint sein. Die Tugendfigur kann man sich rechts von Joseph vorstellen, vielleicht auf die Szene weisend. Im nächsten Feld mit der «...TAS»-Figur würde dann Longanim*itas* mit Noah stehen;

im südlichen Feld vielleicht Oboedientia mit Abraham. Das «PAT...» zu Seiten der männlichen Figur im südlichen Feld kann entweder zu «PAT(riarch)» oder als «PAT(er multarum Gentium)», wie Abraham in der Bibel genannt wird (1 Moses 17, 16), ergänzt werden[126]. Die Darstellung der Oboedientia auf dem Fußboden einer Klosterkirche ist als Ermahnung zum klösterlichen Gehorsam durchaus plausibel. Da die nächsten Felder ganz zerstört sind, kann man über sie nichts aussagen. Sollte das Fußbodenprogramm Gregor folgen, könnten hier Castitas, ebenfalls eine wichtige mönchische Tugend, mit Isaak, Tolerantia mit Jakob, Mansuetudo mit Moses oder die anderen Tugenden dargestellt gewesen sein. Möglich wäre auch, daß die PAT-riarchen Abraham, Isaak und Jakob zusammen mit einer Tugend im südlichen Kreisfeld erscheinen. Eine letzte Möglichkeit für dieses Feld wäre, daß sich die «PAT...»-Inschrift nicht auf den Mann bezieht, sondern auf eine neben ihm stehende Tugend, in diesem Falle «PAT(ientia)», die dann wohl von Hiob begleitet wird. Diese Deutung ist jedoch wenig wahrscheinlich, da sich die Inschrift in Höhe der Schulterpartie der bärtigen Figur befindet und sich schwerlich auf eine andere Gestalt beziehen kann.

Ein Vergleich mit dem Clm 13002 führt auch nur zu hypothetischen Schlüssen. Joseph könnte mit Prudentia im nordöstlichen Feld stehen, daneben könnte Cari*tas* mit David oder Humili*tas* mit Samuel und David dargestellt sein. Für das südliche Feld bietet sich keine Entsprechung mehr an. Schließlich kann es sich auch beim Benediktbeuerer Fußbodenprogramm um eine ikonographisch eigenständige Darstellungsfolge handeln, so wie es anscheinend der Clm 13002 ist; dann wäre jede weitere Deutung der Figuren reine Spekulation.

Die Darstellungen im inneren Kreis

Im inneren Kreis des Gipsfußbodens sind nur in zwei der sechs Kreissegmente figürliche Darstellungen erhalten geblieben, davon das südliche Feld fast vollständig und das nördliche etwa zur Hälfte. Auch hier muß, wie beim äußeren Kreis, die ikonographische Entschlüsselung von wenigen Einzelheiten der Darstellung ausgehen.

Die umlaufende Inschrift ist so fragmentarisch, daß nicht einmal einzelne Wörter ergänzt werden können.

Das südöstliche Feld zeigt zwei Figuren beidseitig einer Ranke; die eine hackt, die andere kniet oder sitzt und hält einen langen Stecken in der Hand. Dies Motiv erinnert in erster Linie an die Arbeit der Stammeltern: Adam hackt und Eva sitzt mit einem Spinnrocken ihrem Mann gegenüber. In der A-Initiale der Zwiefaltener Orosiushandschrift des 12. Jahrhunderts (Landesbibl. Stuttgart, Cod. hist. fol. 410) hat auf fol 1' die Darstellung Adams und Evas eine verblüffende Ähnlichkeit mit den Figuren des Fußbodens[127]. Doch die Stammeltern können mit letzteren nicht gemeint sein; die sitzende Figur (Abb. 20) hat kurze Haare, eine Haartracht, die im 12. Jahrhundert für Frauen nicht üblich ist.

Ähnlich der Fußbodendarstellung ist auch die Szene in der S-Initiale auf fol. 23' der Bibel von Ellwangen aus der zweiten Hälfte des 12. Jahrhunderts (Landesbibl. Stuttgart, Bibl. fol. 60) (Abb. 27)[128]. In der oberen Schleife des S steht links von einem sehr stilisierten Weinstock ein Mann und hackt; rechts vom Weinstock kniet ein Mann, der in seiner linken Hand ein sichelförmiges Gartenmesser hält. Diese Szene ist gemeinsam mit der Darstellung in der unteren S-Schleife – ein

Abb. 27. Bibel von Ellwangen, fol. 23', 2. Hälfte des 12. Jahrhunderts (Detail).

Herr, als solcher durch den Mantel und Hut gekennzeichnet, bezahlt drei Arbeiter in kurzen Tuniken; zwei davon halten eine Hacke in der Hand – eine Illustration zum Gleichnis der Arbeiten im Weinberg (Matth. 20, 1–16). Der formalen Entsprechung zufolge wird auch das südöstliche Kreisfeld vielleicht mit diesem Gleichnis in Verbindung zu bringen sein.

Es gibt wenige Beispiele in der bildenden Kunst des Mittelalters, die dieses Gleichnis darstellen. Die ältesten sind im Codex aureus von Echternach und in den von dieser Handschrift abhängigen Evangelistaren, dasjenige Heinrichs III. in Bremen[129] und ein zweites in der königlichen Bibliothek in Brüssel, Nr. 9428[130], enthalten. Das Gleichnis wird in epischer Breite auf drei Bildstreifen geschildert (Abb. 28): Der obere zeigt den bärtigen Herrn des Weinberges, wie er zu zwei verschiedenen Stunden des Tages die Tagelöhner dingt; der mittlere zeigt die Tagelöhner bei ihrer Arbeit im Weinberg, – manche hacken, die anderen beschneiden mit sichelförmigen Gartenmessern die Weinstöcke; im unteren Streifen dingt der Herr die letzten Arbeiter und bezahlt dann alle aus. Inschriften über den Bildstreifen erklären die Handlung: «Ein Mann dingt (Arbeiter), die der Weinberg der Welt erfordert in den verschiedenen Stunden den Zeitaltern des Menschen angepaßt» («Quidam... conducit, quos mundi vinea poscit diversis horis hominis aetatibus aptis»), steht über dem oberen Bildstreifen; den mittleren begleitet die Erläuterung «Alle Zeitalter des Menschen sind hier zur Arbeit zusammengeführt; um die versprochene Münze zu erlangen arbeiten sie sehr», und den letzten die Erklärung «Hier weist er (der Hausvater) (noch andere) in die Arbeit ein, als der Abend sich naht»[131].

25

Abb. 28. Codex aureus aus Echternach, fol. 76', Ende 10. Jh.

Diese Beischriften lassen klar erkennen, daß mit diesem Gleichnis nicht nur die Illustration der Bibelstelle bezweckt wurde, vielmehr soll es auf die Lebensalter des Menschen hinweisen, die den verschiedenen Tagesstunden, an denen der Herr des Weinberges seine Arbeiter dingt, vergleichbar sind. Dieser Bezug Lebensalter – Tagesstunde ist hier nur angedeutet, wahrscheinlich aber schwebte dem Illustrator eine Ausdeutung dieses Gleichnisses wie zum Beispiel bei Gregor vor[132]: «Hanc quippe intellectus nostri pueritia est. Hora autem tertia adolescentia intelligi potest, quia quasi iam sol in altum proficit, dum calor aetatis crescit. Sexta vera juventus est, quia vehit in centro sol fugitur, dum in ea plenitudo roboris solidatur. Nona autem senectus intelligitur, in quia sol velut ab alto axe descendit, quia ea aetas a calore iuventutis deficit. Undecima hora ea est aetas quae decrepita vel veterana dicitur»[133].

Das Gleichnis der Arbeit im Weinberg zeigt auch der rechte Pfosten am Westportal des Baptisteriums in Parma, das um 1200 von Benedetto Antelami geschaffen wurde. Sieben Szenen befinden sich beidseitig eines S-förmig sich emporrankenden Weinstockes, «vinea domini sabaoht» genannt. Die erste zeigt den Herrn des Weinberges, wie er einen Knaben dingt, dabei die Inschrift »Prima etas seculi –Prima mane – infancia». Die zweite und dritte Szene zeigt den Herrn des Weinberges mit zwei jugendlichen Arbeitern und den Inschriften «Hora tercia –Puericia – Secunda Etas» und «Sexta – Adulescencia – Tertia Etas». Einen erwachsenen Arbeiter dingt der Herr in der vierten Szene – «Nona – Iuventus – Quarta Etas»; ebenso in der nächsten «Unde. – Gravitas – Quinta Etas». Noch zur elften Stunde gehört die sechste Szene, die den Herrn mit einem greisen Arbeiter zeigt – «(unde) Cima – Senectus – Sexta Etas». In

der letzten Szene verteilt der Herr des Weinberges den Lohn an die Arbeiter[134].

Die biblische Parabel wird hier nicht nur den sechs Lebensaltern, sondern auch den sechs Weltaltern gleichgesetzt. Hierin ist der Künstler wohl Augustinus (Sermo LXXXVII de verbis Evang. Matth. 4, 5) gefolgt[135], der auch an anderer Stelle die Lebensalter mit den Weltaltern und auch noch den sechs Schöpfungstagen zusammenbringt[136].

Die Schwierigkeit dieser Zahlenallegorik zeigt sich bei der Bapisteriumsdarstellung. Man mußte fünf einschlägige Momente des Gleichnisses mit sechs Lebens- und Weltaltern zusammenbringen. Also steht die elfte Stunde für zwei Alter. Auch Augustin hatte damit seine Schwierigkeiten; im Sermo LXXXVII gibt er nur fünf Weltalter mit ihren Repräsentanten an, in De genesis contra Manich I, 23 sind es sechs Lebens- und sechs Weltalter mit etwas anderen Repräsentanten.

Daß auch den Benediktbeurer Mönchen diese Zahlensymbolik bekannt war, ist wiederum aus dem Bücherbestand ihrer Bibliothek zu schließen. Augustins «De civitate dei», in der er die Sechsteilung der Weltalter gibt[137], war ebenso vorhanden wie die oben genannten Sermones Augustins[138]. Auch Isidors «Ethymologicon» mit der ausführlichen Beschreibung der sechs Weltalter (V, 39) – in ihrer Einteilung nach Augustin – und Gregors oben zitierte Homelien konnten dort eingesehen werden[139].

Sind die formalen Entsprechungen der Fußbodendarstellungen mit dem Baptisteriumsrelief auch sehr klein (Kleidung der Arbeiter in kurzer Tunika, hackender Arbeiter in der sechsten Szene), so besteht doch kein Zweifel an der Deutung dieser Kreissegmente als Illustration zu diesem Gleichnis[140], die durch den Vergleich mit der Initiale der Bibel aus Ellwangen noch bekräftigt wird. Auch der Greis im nordöstlichen Kreisfeld läßt – worauf schon Mindera hinwies[141] – an Lebensalterdarstellungen denken.

Wie aber soll man sich die Anordnung der Szenen im sechsgeteilten Kreis vorstellen? Die fünf Momente der Parabel mußten hier ebenfalls in sechs Feldern untergebracht werden. Möglich ist, daß links von der Ranke im nordöstlichen Feld ein Knabe, wie im Relief aus Parma, von dem Greis gedungen wird. Der Greis arbeitet nicht, sondern stützt sich auf einen Stab, wie auch der Herr des Weinberges im Echternacher Codex aureus (Abb. 28). Auch am Baptisteriumsportal ist der Weinbergsbesitzer als alter Mann dargestellt. Im südöstlichen Feld wären dann die jugendlichen Arbeiter der dritten Stunde, die «Pueritia» der Lebensalter, die «Secunda Etas» der Weltalter, das die Zeit von Noah bis Abraham umfaßt, inkrustiert.

Ob zwischen den literarisch bekannten Repräsentanten der Weltalter[142] und den Repräsentanten der Tugenden im Feld darüber eine Verbindung beabsichtigt war, ist schwer zu sagen. Die Deutung der südöstlichen äußeren Kreisdarstellung als Noah mit Longanimitas würde durch die Person Noahs auch dem 2. Weltalter, der «tercia hora» und der «Pueritia» entsprechen, ebenso wie Abraham mit Oboedientia auch als Repräsentant des 3. Weltalters, der «hora sexta» und «Adolescentia» angesehen wird. Weiter läßt sich der Vergleich aber nicht verfolgen, und Joseph im nordöstlichen Kreisfeld paßt überhaupt nicht in dieses Konzept. Auch ist es recht unwahrscheinlich, daß die Apostel oder gar Christus als Repräsentanten des sechsten Weltalters und der elften Stunde[143] im Fußboden dargestellt waren, da die Ikonographie der bekannten Fußböden zeigt, daß tunlichst vermieden wurde, neutestamentarische Gestalten dem Darüberschreiten der Menschenmenge preiszugeben.

26

Den tieferen Sinn der vielfachen Ausdeutung des Gleichnisses hat Piper in bezug auf das Baptisterium in Parma ausgedrückt: «... der Abend, wo der Herr des Weinberges den Arbeitern den Lohn austeilen läßt, bezeichnet beiderseits das Ende des gegenwärtigen Weltlaufs und die Wiederkunft Christi. Aber in der Parabel ist der Anfang des Tagewerks, wo die ersten Arbeiter berufen werden, die Zeit der Erscheinung Christi auf Erden, und diese Arbeiter sind die Apostel, – denn sie ist die Antwort auf die Frage des Petrus nach ihrer Belohnung im Reiche Gottes; in den Sculpturen ist die Frühe des Tages der Anfang der Welt, in dem beide Testamente hier zusammengefaßt werden»[144].

Das Programm der ganzen Kreisdarstellung hat somit – sollte die hier vorgeschlagene ikonographische Interpretation zutreffen – einen vielschichtigen Charakter: ethisch-moralische Aussagen durch die Tugenden vermischen sich mit dem neutestamentarischen Gedanken (die Letzten werden die Ersten und die Ersten die Letzten sein), dem wahrscheinlich ein systematisierender, kosmologischer Sinn untergeschoben ist.

Die Darstellung in den Zwickeln

Dem oben rekonstruierten Programm der Kreisdarstellung ordnen sich auch die Zwickeldarstellungen unter. Zur Ikonographie der Zwickel geben nur die wahrscheinlich ehemals in einem Medaillon befindlichen Buchstaben «EMP» und außerhalb des Medaillons die Buchstaben «(BO)REAS» einen Hinweis.

«Boreas» ist der griechische Name des Nord- und Nordostwindes[145]. Sein Name über dem nordöstlichen Kreisfeld deutet schon die Richtung an, aus der er bläst. Von der Darstellung des Boreas ist wenig erhalten. Man könnte ihn sich als geflügelten Kopf vorstellen, aus dessen Mund flammenartige Gebilde – der Wind – entweichen. Solche flammenartigen Linien sind im Fußbodenzwickel auch noch sichtbar, könnten aber auch Reste der Flügel sein (Abb. 21).

Die Darstellung der Winde wird zahlreichen Illustrationen biblischer Szenen beigefügt, sei es der Geschichte Hiobs (Hiob 1, 19), wo Winde sein Haus samt Söhnen und Töchtern vernichten, sei es der Apokalypse (Offenb. Joh. 7, 1–3), in der die vier Winde aufs Weltgericht warten, oder der Stillung des Sturmes durch Christus[146]. Am ehesten sind sie aber in kosmologischen Darstellungen und Windrosen anzutreffen. In den letzteren sind den vier Hauptwinden je zwei Nebenwinde zugeordnet, deren Eigenschaften durch Beischriften erläutert werden[147]. In kosmologischen Darstellungen zeigen die Winde die Himmelsrichtungen oder Weltgegenden an – Boreas (Aquilo, Septentrio) im Norden, Subsolanus im Osten, Auster (Notus) im Süden und Zephyrus im Westen – und sind meist in den vier Ecken dargestellt[148]. Auf dem Fußboden von Benediktbeuern müßten sich dann im südöstlichen Eck Subsolanus, im südwestlichen Auster und nordwestlichen Zephyrus befinden.

Die Allegorik der Zahl Vier verbindet meist nur vier Kardinaltugenden mit vier Paradiesflüssen, vier Kirchenvätern und vier Evangelistensymbolen, so in den Miniaturen des Mystischen Paradieses in den Speculum Virginum-Handschriften[149]. Die Winde werden in diese Komposition nicht aufgenommen, aber den Kardinaltugenden sind sie auf den oben besprochenen Emailtafeln aus Wien zugeordnet[150].

Diese Zahlenallegorik wurde wahrscheinlich auch auf dem Benediktbeuerer Fußboden berücksichtigt und hat zu der Darstellung von Winden und Kardinaltugenden in den vier Ecken des Mittelschiffbodens geführt. Die Inschrift «EMP» wird wohl als «TEMPERANTIA» zu ergänzen sein, und die in der Rekonstruktion[151] begründete Annahme, daß sich die Figur dieser Tugend in einem Medaillon befand, bestärkt diese Deutung.

In vier Ecken, meist in Medaillons[152], um ein Hauptbild gruppiert, erscheinen diese Tugenden schon in karolingischer Zeit, zum Beispiel in einer Handschrift aus Cambrai (Bibl. Municipale)[153], als ganzfigurige Gestalten mit ihren Attributen – Prudentia mit Buch, Iustitia mit Waage, Temperantia mit Gefäß und Fackel und Fortitudo mit Lanze und Schild[154].

Im 11. und 12. Jahrhundert befinden sich in den Medaillons vor allem Halbfiguren oder Büsten der Kardinaltugenden, entweder gekrönt, manchmal nimbiert, nur mit Beischriften[155] oder ungekrönt, aber dafür mit ihren Attributen, die sich generell nur selten von denen der Handschrift aus Cambrai unterscheiden (Prudentia auch mit einer Schlange)[156]. Während die Attribute und die Darstellungsweise dieser Tugenden festgelegt sind, ist dies bei ihrer Anordnung in den Ecken nicht der Fall, was auch eine Rekonstruktion für den Fußboden erschwert.

Die Kardinaltugenden kommen in den verschiedensten Zusammenhängen vor, – von Herrscherbildern über alttestamentarischen Darstellungen, liturgische Bilder und Evangelieninitialen bis zu Allegorien[157]. «Im 12. Jahrhundert werden die Kardinaltugenden in Frankreich, Deutschland und Italien auch in allgemeinere Bildkreise aufgenommen. Ohne auf einen bestimmten Menschen bezogen zu sein, allein als Vertreterinnen des ihnen zugrundeliegenden Begriffes, bisweilen allein, manchmal mit anderen Allegorien vereinigt, finden sie sich auf Tragaltären, auf Kapitellen und Fußbodenmosaiken»[158]. Auf dem Fußboden von Benediktbeuern symbolisieren die vier Kardinaltugenden die christliche Welt im ethischen Sinn, während die vier Winde diese christliche Welt im geographischen Sinn umreißen. Gemeinsam bilden sie einen Rahmen für die im Kreis ausgeführten kosmologisch-moralischen Aussagen.

Der Fußboden von Benediktbeuern und die Ikonographie der mittelalterlichen Fußböden

Schon Kier hat darauf hingewiesen, daß es wenig sinnvoll ist, «die Ikonographie eines bestimmten Kunstzweiges isoliert zu betrachten, da nur aus einem alle Zweige überschauenden Betrachten einzelner Darstellungen und unter Berücksichtigung schriftlicher Quellen eine tatsächliche Bewältigung dieses Gebietes möglich ist»[159]. In der bisherigen Untersuchung des Fußbodens von Benediktbeuern wurden auch nur Werke der Buchmalerei und Goldschmiedekunst sowie schriftliche Quellen zur Klärung einzelner ikonographischer Aspekte berücksichtigt. Darüber hinaus soll aber die Ikonographie des Fußbodens auch im Rahmen der bekannten mittelalterlichen Fußböden untersucht werden.

Die Grundform, in der die Anordnung der Darstellungen erfolgt – Arkaden mit darunterliegendem Kreis und Zwickelmedaillons –, ist auf dem Fußboden der ersten Hälfte des 12. Jahrhunderts in San Michele in Pavia ähnlich[160]: Unter einer siebenbogigen Arkade mit Monatsdarstellungen ist ein Kreis angefügt, der ein Labyrinth darstellt, in dessen Mitte Theseus mit dem Minotaurus kämpft; die Zwickel sind durch frei in die Fläche gesetzte phantastische Tiere gefüllt; weitere Arkaden mit Monatsbildern und andere Szenen schließen sich seitlich der

Kreisdarstellung an. Die vier ganzfigurigen gekrönten Kardinaltugenden des Fußbodens von San Benedetto Po, inschriftlich datiert 1151, stehen ebenfalls unter Arkaden[161] wie auch die Artes liberales und Tugendfiguren des Chorfußbodens von St. Irénée in Lyon aus dem 12. Jahrhundert[162].

Kreise, in denen Figuren dargestellt sind, kommen auf Fußböden oft vor[163], sind aber meist nur konzentrisch unterteilt. Eine radiale Abgrenzung von Figurenfeldern ist im Mosaik von San Prospero, Reggio Emilia, inschriftlich datiert 1160–1171, durchgeführt worden[164]. Die zwölf Segmente zeigen im äußeren Kreis Bilder der Monatsarbeiten, im inneren die dazugehörigen Tierkreiszeichen. Die Medaillons in den Zwickeln sind ornamental gestaltet; seitlich davon erscheinen ganzfigurig die Personifikationen der vier Jahreszeiten und der vier Winde. In der Buchmalerei ist die radiale Unterteilung der Kreise dagegen in zahlreichen Beispielen anzutreffen[165]. Dem Fußboden aus Reggio Emilia kommt die Jahresdarstellung auf fol. 17' des Zwiefaltener Martyrologiums ikonographisch am nächsten, mit dem Unterschied, daß die Figuren der Jahreszeiten den ganzen Zwickel einnehmen und je ein Wind über jedem der zwölf Kreissegmente dargestellt ist[166]. Einen Kreis mit vier (oder mehr?) radialen Unterteilungen zeigt außerdem der Hildesheimer Gipsfußboden, auf den später eingegangen wird.

Das Spektrum der Fußbodendarstellungen ist mit den schon genannten Beispielen umrissen: Monatsdarstellungen, Winde, Tugenden, Artes liberales, außerdem alttestamentarische und mythologische Szenen, insbesondere aber eine Fülle von phantastischen Tieren und Vögeln beleben die Fußböden mittelalterlicher Kirchen[167].

Selten sind neutestamentarische Gestalten auf den Fußböden zu sehen, und wenn, dann nur im Chorbereich, der von der Laienmenge nicht betreten wird. Im Chor von St. Remi in Reims soll ein um 1170 datierter Mosaikfußboden vor dem Altar Hieronymus, umringt von den vier Evangelisten, und die Apostel gezeigt haben[168]. Hinter dem Hauptaltar der Kirche aus Pieve-Terzagni[169] wurde der Fußboden der Apsis mit den vier Evangelistensymbolen und weiteren Tieren geschmückt; vor dem Altar vermitteln Tiere und phantastische Wesen in Medaillons den Eindruck eines Teppichs. Auch auf dem noch unpublizierten Fußboden von St. Mang in Füssen (vgl. S. 41 ff.) waren es wohl die vier Evangelistensymbole mit dem agnus dei in ihrer Mitte, die den Bereich vor dem Hauptaltar hervorhoben.

Es müssen jedoch keineswegs christologische Programme sein, die den heiligen Bezirk schmücken. Alttestamentarische Figuren (Cruas, Benediktinerkirche, inschriftlich datiert 1098)[170] scheinen dafür genauso geeignet zu sein wie allegorische Programme (Hildesheim, Dom, 1153–1162)[171] oder kämpfende Tiere (Ganagobie, Benediktinerkirche, inschriftlich datiert 1122–1124[172]; Lescar, Kathedrale, inschriftlich datiert 1115–1141)[173].

Für den Benediktbeuerer Chorfußboden kann man eine weitere Darstellung im Bereich hinter dem Altar weder ausschließen noch postulieren, da auch eine weitgehende Schmucklosigkeit des Chorraums, wie sie besonders bei frühchristlichen Kirchen auffallend ist[174], in Frage kommt. Leider sind die mittelalterlichen Fußböden nur sehr bruchstückhaft erhalten, viele nur durch Beschreibungen bekannt, so daß der Bezug zwischen Fußbodenikonographie und Lage im Kirchenraum noch nicht klar zu fassen ist.

Für die einzelnen Darstellungen des Benediktbeuerer Fußbodens gibt es zahlreiche Parallelen. Stifterfiguren zeigen u.a. auch die Fußböden von Pieve-Terzagni, von St. Denis (Chapelle

St. Firmin, 1140–1145)[175] und von Wiślica um 1160[176]. Außer den schon genannten Beispielen mit Tugenddarstellungen (Lyon, St. Irénée und San Benedetto Po) waren ganzfigurige Tugenden in der Hildesheimer Domapsis in einem Kreis und um 1160 im Erfurter Dom[177] als Brustbilder in Medaillons dargestellt. Am Nienburger Fußboden waren die Tugenden vielleicht in Verbindung mit alttestamentarischen Figuren dargestellt[177a]. Der Fußboden von St. Remi in Reims soll in einem Rechteck die vier Kardinaltugenden mit den vier Himmelsrichtungen gezeigt haben, eine Verbindung, die den Zwickeln des Benediktbeuerer Fußbodens sinngemäß gleicht. Unter den Figuren des Hildesheimer Apsiskreises befand sich eine ganzfigurige weibliche «Iuventus» zwischen den Tugenden, ein Beispiel, daß auch an anderer Stelle Lebensalter in einen großen Zusammenhang mit Tugenden gebracht wurden.

Unter den alttestamentarischen Szenen wurden die auf zahlreichen Fußböden dargestellte Davidsgeschichte und Samson, der mit dem Löwen kämpft, bevorzugt[178], doch die Szenen stehen für sich, ohne daß eine Verbindung zu Tugenden bestünde. Am Mosaikfußboden von San Salvatore in Turin um 1105[179] erscheinen in den Zwickeln des Kreises, der Erde und Ozean darstellen soll, umgeben von konzentrisch angeordneten Medaillons mit phantastischen Tieren, die vier Hauptwinde mit je zwei Nebenwinden. Die letzteren sind von Medaillons mit umlaufender Inschrift umgeben. Die Hauptwinde sind ganzfigurig und geflügelt, die Nebenwinde nur als Köpfe, in ihre Hörner blasend, wiedergegeben. Auch diese Anordnung der Winde in den Zwickeln eines Kreises ist also auf Fußböden nicht unüblich.

Die genannten Beispiele können verdeutlichen, daß der Fußboden von Benediktbeuern keinesfalls eine ikonographische Sonderstellung im Rahmen der mittelalterlichen Schmuckfußböden einnimmt, in der Verbindung der allegorischen Elemente aber trotzdem eine eigenständige Schöpfung ist.

Stilistische Einordnung und Datierung

Stilistische Vergleiche zwischen dem Fußboden von Benediktbeuern und den anderen Fußböden sind kaum zu ziehen. Die oben genannten französischen und oberitalienischen Beispiele sind durchwegs Mosaikfußböden, meist nur in Schwarz-Weiß gehalten. Sie zeigen eine extreme Reduzierung der Details, eine Einfachheit der Darstellung, wie sie beim Benediktbeuerer Fußboden nicht gegeben ist. Auch die verwandte Gruppe der Gipsfußböden, von denen Hildesheim, Füssen, Nienburg, Erfurt und Wiślica schon genannten wurden, ist stilistisch mit Benediktbeuern schwer zu vergleichen: Entweder sind ganze Figuren erhalten, die sich aber grundlegend von den Benediktbeuerer Figuren unterscheiden, oder die Figuren sind so bruchstückhaft, daß mangels Details ein Vergleich nicht gerechtfertigt erscheint.

Auch in diesem Zusammenhang muß also die in zahlreichen Beispielen den Stil der Zeit und der jeweiligen Landschaft widerspiegelnde Buchmalerei einspringen, obgleich ein großer Unterschied zwischen der Technik des Miniators und der des Inkrustators besteht. Die dem inkrustierten Fußboden in der

Technik näherstehende Goldschmiedekunst kann auch zum stilistischen Vergleich herangezogen werden. Leider sind jedoch relativ wenige Werke dieser Gattung erhalten geblieben.

Vergleicht man Beispiele der romanischen Buchmalerei, so haben auf den ersten Blick die schwäbischen und regensburgischen Miniaturen des 12. Jahrhunderts mit dem Fußboden eines gemeinsam: Hier wie dort bestehen die Zeichnungen aus vorwiegend roten und schwarzen Linien. Das Zeichnerisch-Lineare der Miniaturen ist mit der Darstellungsweise der Benediktbeuerer Figuren gut vergleichbar. In der Regensburger und Prüfeninger Buchmalerei des 12. Jahrhunderts und besonders in dessen zweiter Hälfte sind die Figuren freilich viel schlanker, höher und ihre Bewegungen viel freier (Abb. 23 und 24). Die Konturen der Figuren werden durch abgetreppte Falten belebt, die Säume sind dreieckig gebrochen, und manchmal flattert ein Gewandzipfel empor. All dies ist den Benediktbeuerer Figuren fremd, deren leicht gedrungene Statur und extrem geschlossener Umriß sie mit Darstellungen aus den drei Bänden des Stuttgarter Passionale (Stuttgart Landesbibl. Bibl. fol. 56, 57, 58) verbindet[180]. Im dritten Band sind auf fol. 36 drei Mönche, die von ihrem Abt empfangen werden dargestellt (Abb. 29). Sie kommen den Stifterfiguren im südlichen Arkadenfeld in mancher Hinsicht stilistisch nahe (Abb. 12). Zwar sind die Mönche etwas größer und schlanker als die Stifter, aber die runde Kontur ihrer Gesichter, ihre ovale Tonsur mit den wulstartig angesetzten Löckchen finden wir bei Eliland wieder. Landfrids Gesicht und Körperhaltung mit der aus dem Umriß herausragenden linken Hand gleicht der des ersten Mönches, dessen rechte Hand in etwa dieselbe Binnenzeichnung wie diejenige Elilands im nördlichen Feld aufweist (Abb. 11). Auch diese Mönche tragen das Skapulier mit einer enggefälteten Tunika, deren Ärmel sichtbar sind. Die Säume schneiden die Figuren fast waagerecht ab; nur wenige omegaförmig eingeschlagene Faltenbahnen beleben das seitliche Ende des Saumes. Omegaförmige Falten bilden sich auch rechts am Gewand von Bonifatius und Landfrid und auch an der Tunika neben dem rechten Fuß des Mannes im südöstlichen Kreissegment (Abb. 18) wie auch am Mantel der Mittelfigur im nordöstlichen äußeren Kreisfeld (Abb. 15). Auch die fächerartigen Falten, die die Tuniken der beiden Figuren im inneren Kreis über dem Gesäß bilden (Abb. 20), haben im Stuttgarter Passionale (erster Band, fol. 120) Entsprechungen[181]. Die Figuren dieser Handschrift unterscheiden sich aber von den Benediktbeuerer Figuren durch die mit eng beieinander liegenden Linien gezeichneten Faltenbündel, die V-förmig das frei herabfallende Gewand gliedern. Bei den Stiftern sind diese Falten weicher gezogen. Die vergleichbaren Darstellungen des Stuttgarter Passionales stammen aus dem ersten und dritten Band, die vor 1162 entstanden sind[182]. Die Benediktbeuerer Darstellungen scheinen aber eher jünger zu sein und damit dem letzten Drittel des 12. Jahrhunderts anzugehören.

Das Salzburger Graduale (Stiftsbibliothek St. Peter, Cod. A, IX 11) zeigt eine viel weichere Durchführung der Falten[183]. Das Widmungsbild (Abb. 30) stellt eine sehr schlanke Frau dar. Das langgezogene Oval ihres Kopfes, die schmalen Augen, die leicht geschwungenen Augenbrauen, die durch feine Linien mit dem schmalen Nasenrücken verbunden sind, und der kleine Mund geben ihr den Ausdruck von Jugendlichkeit, der auch Bonifatius und Landfrid anhaftet. Langgezogene parallele Faltenbahnen enden seitlich in omegaförmigen Säumen, am Oberkörper und zwischen den Beinen fällt das lange Gewand in runden, nach unten hin spitzer werdenden Falten herab. Die Haltung ihrer rechten Hand erinnert stark an die Linke Elilands im

Abb. 29. Stuttgarter Passionale, fol. 36, vor 1162.

Abb. 30. Salzburger Graduale, Widmungsbild, um 1200.

Abb. 31. Clm 4569, fol. 1, Benediktbeuern, um 1200.

nördlichen Arkadenfeld (Abb. 11). Der enggefältelte Ärmel ragt aus dem leicht zurückgeschobenen und in der Ellbeuge ähnlich gefalteten Ärmel des Obergewandes heraus. Wie am Saum des linken Ärmel des Bonifatius und der «...TAS»-Figur deuten die runden Falten die Stofflichkeit des Gewandes an. Das Fließende und Weiche des Widmungsbildes ist aber bei den Benediktbeuerer Figuren nicht erreicht. Oft gehen von einer Konturlinie gerade Faltenlinien aus, ohne das Übereinanderlegen des Stoffes anzudeuten, am besten sichtbar am Arm des Landfrid oder Eliland im südlichen Arkadenfeld (Abb. 12). Auch andere Einzelheiten wie die leicht geschwungenen, hochgezogenen parallelen Falten über dem rechten Bein Elilands im südlichen Feld deuten darauf hin, daß der Stil der Benediktbeuerer Figuren etwas altertümlicher ist als der Stil des Widmungsbildes im Salzburger Graduale, das um 1200 entstanden sein soll.

Auch die ebenfalls um 1200 entstandene Benediktbeuerer Handschrift Clm 4569 der Münchner Staatsbibliothek zeigt einen viel weicheren Faltenstil[184]. In der einzigen figürlichen Initiale der Handschrift auf fol. 1 ist ein Mann in einer tänzelnd anmutenden Haltung wiedergegeben (Abb. 31). Hier fällt nicht nur die Bewegtheit der Figur, sondern auch der weich konturierte Saum seines Mantels auf, der ihn trotz vieler Gemeinsamkeiten – Proportion der Figur, omegaförmig eingeschlagener Faltenbausch der Tunika, Falten außen am linken Oberschenkel – von den Figuren des Fußbodens abhebt. Leider sind aus dem letzten Drittel des 12. Jahrhunderts keine illustrierten Handschriften des Klosterskriptoriums vorhanden[185].

Eine Datierung des Figurenstils des Fußbodens ist deshalb nur aus der allgemeinen Stilentwicklung zu erschließen. Der «byzantinisierende» Stil, der in der ersten Hälfte des 12. Jahrhunderts besonders in der Salzburger Malerschule vorherrschend ist, ändert sich um die Mitte des Jahrhunderts zugunsten einer linearen zeichnerischen Ausführung der Figuren. Die Gewänder werden durch eng beieinander liegende parallele Falten nach byzantinischem Schema gegliedert. Typisch dafür sind spitze V-förmige Falten und dreieckig gebrochene Säume mit Zickzackkontur. Flatternde oder ausschwingende Gewandzipfel beleben den Umriß der Figuren[186]. Im letzten Viertel des 12. Jahrhunderts ist eine Tendenz zur weicheren Modellierung der Figuren zu beobachten. Die vielen parallelen Linien der Falten werden auf wenige weich gezogene Linien, die durch ihre veränderliche Strichstärke an Plastizität gewinnen, reduziert[187]. Um 1200 setzt angeblich ein erneuter Impuls aus Byzanz ein, der zu sehr weicher, aber stark bewegter Faltengebung führt[188]. In all diesen Handschriften bleiben aber die byzantinisch beeinflußte Streckung der Figuren und der byzantinische Gesichtstypus mehr oder minder vorherrschend. Ein direkter Einfluß der Salzburger Malerschule auf die Benediktbeuerer Figuren ist – abgesehen von der Verbindung von Augenbraue mit Nasenbein, selbst bei Darstellungen der Gesichter im Dreiviertelprofil – auszuschließen.

Hingegen sprechen die Proportionierung der Körper, der Ausdruck der Gesichter und das Fehlen der byzantinisch beeinflußten Faltengebung (kreisende Falten über den Gelenken, flatternde, gebrochene Säume usw.) für eine engere Verbindung mit dem schwäbischen Raum, bedingt durch die Zugehörigkeit Benediktbeuerns zur Diözese Augsburg oder durch die Verbindung zu schwäbischen Benediktinerklöstern[189].

Doch auch in Augsburg selbst scheint man byzantinische Anregungen aufgenommen zu haben. Die Deckplatte vom Sarg des Hl. Ulrich in der Katholischen Kirchenstiftung St. Ulrich und Afra, vor 1185, zeigt eine Verbindung zwischen Einflüssen der schwäbischen Buchmalerei – geschlossener Umriß der Figur, langgezogene Falten – mit byzantinisch geprägten Einflüssen der Salzburger Malerei, – Formung des Gesichts, runde Falten am Knie[190]. Das am Halsausschnitt weich angeschmiegte Untergewand, die Falten auf der Brust, die runde Schulterkontur, die Falten der Kasel auf den Unterarmen sowie die Ritztechnik bringen diese Grabplatte dem Benediktbeuerer Fußboden sehr nahe.

Auch die Bibel von Ellwangen, die von Löffler gegen das Ende der zweiten Hälfte des 12. Jahrhunderts datiert wird[190a], zeigt, trotz flüchtiger Skizzierung der Darstellungen, dieselben Grundzüge der Figurengestaltung wie im Fußboden. Besonders gut vergleichbar ist die S-Initiale (Abb. 27) mit den Figuren des inneren Kreises (Abb. 20).

Eine Entstehung des Fußbodens von Benediktbeuern im letzten Drittel des 12. Jahrhunderts, vielleicht um 1170–1180 ist daher anzunehmen.

Auch die ornamentalen Elemente in den Kapitellen und Weinranken des Fußbodens (Abb. 32–34), umgeschlagene fleischige Blätter auf deren gelappte Ränder feine Äderchen zulaufen, haben ihre Entsprechungen in der Buchmalerei der zweiten Hälfte des 12. Jahrhunderts. Nicht nur die Blattform, sondern auch der Drachen im südöstlichen Zwickel des Fußbodens kommt einigen Initialen des Zwiefaltener Martyrologiums, Mitte bis zweite Hälfte des 12. Jahrhunderts (Stuttgart Landesbibliothek Cod. hist. fol. 415), nahe (Abb. 35 und 36)[191]. Wulstartige Rankenknoten, aus denen neue Verästelungen

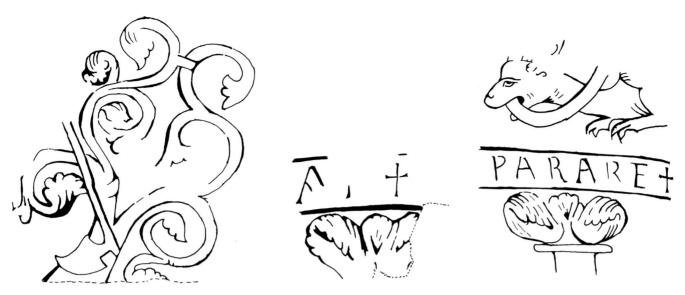

Abb. 32–34. Umzeichnungen von Details des Benediktbeurer Fußbodens: Weinranke im südöstlichen inneren Kreissegment (links); Kapitell auf der Mittelachse des Kreises (Mitte); Kapitell und Drachen im Südosten des Fußbodens (rechts).

wachsen, findet man sowohl bei der Weinranke im südöstlichen inneren Kreisfeld (Abb. 32) als auch bei den Initialen des Cod. hist. fol. 418 der Stuttgarter Landesbibliothek, eine schwäbische Handschrift, die von Löffler nicht näher datiert wird[192].

Diese vegetabile Ornamentik ist aber nicht nur in der schwäbischen Buchmalerei, sondern auch in der Regensburg – Prüfeninger Schule beliebt, wo die Blätter zu blütenartigen Komplexen mit einem Ring in der Mitte zusammengefaßt werden. Ein Beispiel dafür sind die Initialen des Clm 13074 um 1170/80[193]. Auch sonst finden wir diese Blattform in der westeuropäischen Buchmalerei, wobei sie gegen Ende des 12. Jahrhunderts und Anfang des 13. Jahrhunderts stärker und kleinteiliger gelappt, die Form eines Fächers annimmt[194]. Das Reuner Musterbuch um 1210/20 (Wien, Österreichische Nationalbibliothek, Cod. 507)[195] oder eine Handschrift aus dem beginnenden 13. Jahr-

hundert aus der Stiftsbibliothek Zwettl[196] zeigen noch halbwegs organische Blätter, während eine Handschrift aus Weingarten von 1190–1195 (Fulda, Hessische Landesbibliothek A a 39)[197], die Gumpertsbibel vor 1195 aus Erlangen (Universitätsbibliothek Cod. 121)[198] oder das Orationale aus St. Erentrud um 1200 (Clm 15902)[199] die Auflösung der Blattformen zum ornamentalen Fächer hin schon durchgeführt haben. Diese Entwicklung ist fließend und wahrscheinlich auch lokal verschieden. Einen näheren Datierungshinweis für den Fußboden als vor 1190/1200 gibt die Blattornamentik nicht, und nichts spricht dagegen, sie ebenfalls in das letzte Drittel des 12. Jahrhunderts zu setzen.

Auch die Ikonographie kann diese Datierung bestätigen. Die Form der Mitra, die Bonifatius Haupt krönt, war zu jener Zeit anscheinend gerade erst «modern» geworden. Auf Siegeln er-

Abb. 35, 36. Umzeichnungen von Initialen des Zwiefaltener Martyrologiums, Mitte 12. Jh.: Fol. 40' (links) und fol. 35' (rechts).

scheint diese Mitrenform schon kurz nach der Mitte des 12. Jahrhunderts in Köln (Erzbischof Rainald von Dassel, 1159–1167) und Hildesheim (Bischof Bruno, 1153–1162). Von bayerischen Bischöfen jedoch wird sie erst im letzten Drittel des Jahrhunderts getragen (Siegel von Bischof Kuno von Regensburg, 1167–1185; vom Würzburger Bischof Herold von Hochheim, 1165–1171)[200]. Dies spiegeln auch die Darstellungen der Bischöfe in der Buchmalerei wieder. Bis um 1200 werden sie in bayerischen Handschriften mit einem spitzen Hut oder mit der alten Mitra dargestellt, die viel flacher war und mit den erhöhten Teilen seitlich des Kopfes getragen wurde[201]. Erst gegen Ende des 12. Jahrhunderts tritt die neue Mitrenform auf, die auch Bonifatius trägt[202]. In einem der frühesten Beispiele, einer Windberger Handschrift um 1160, Clm 22221, ist die Mitra noch sehr flach, aber schon in der Weise getragen, daß die erhöhten Teile die Stirn und den Hinterkopf zieren. Dieser Datierungshinweis ist keineswegs zwingend, legt aber trotzdem nahe, daß der Fußboden erst nach 1160–1165 entstanden ist.

Die epigraphische Analyse der Fußbodeninschriften ergab eindeutig, daß die Schrift nicht ins 13. Jahrhundert datiert werden kann[203]. Die Verbreiterung des Buchstabenfußes und der Buchstabenenden wie auf unserem Fußboden kommt in Frankreich schon in der ersten Hälfte des 12. Jahrhunderts vor, in Deutschland aber erst in der zweiten Hälfte des 12. Jahrhunderts. Dafür spricht das O mit Gegenspitzen, das unziale α in «...TAS»[204] und besonders das in unzialer Analogie gebildete F, das selbst in Frankreich erst in der zweiten Jahrhunderthälfte auftaucht[205].

Die Datierung um 1170/80 stützen somit nicht nur Stil und Ikonographie der Figuren, sondern auch der Schriftcharakter des Fußbodens.

Der Schmuckfußboden im Rahmen der Baugeschichte der Klosterkirche

Die romanische Klosterkirche

Die Datierung des Schmuckfußbodens ins letzte Drittel des 12. Jahrhunderts ist mit den historisch überlieferten Baudaten schwer auf einen Nenner zu bringen. Aus dem 12. Jahrhundert ist nur eine Weihe 1143 bekannt, die nächsten Baunachrichten stammen aus dem 13. Jahrhundert: 1248 Brand der Kirche, 1253 Weihe, 1288 Einsturz der Kirche und Erlangung eines Ablasses zu deren Wiederherstellung[206].

Zur Weihe von mehreren Altären 1143, unter Abt Walter (1138–1168), weiß Meichelbeck folgendes zu berichten: «Restauraverat Abbas noster primo loco Ecclesiam nostram, & aras aliquas noviter in ea erexerat. Supplicavit igitur Walthero Episcopo, ut templum, atque altaria illa sacris caeremoniis initiare vellet. Lubens assensum praebuit Episcopus, & recurrente die 22, mensis Octobris, qua olim S. Bonifacius Ecclesiam nostram Divino Numini consecraverat, eosdem sacros ritus eidem impendit. Tradunt domestici Scriptores, ea devotissimi animi teneritudine Episcopum sacras caeremonias explevisse, ut etiam

copiosas lacrymas profuderit, maxime cum aram primariam à sanctis Viris Bonifacio, & Udalrico consecratam, ac posthac toties impiorum ausibus violatam, iterum dedicaret. Consecravit etiam retro majus altare aliam aram in Dive Anastasiae nostre honorem: rursus aliam in honorem S. Xisti Papae, & Martyris»[207].

Der erste Altar, der geweiht wurde, ist nicht näher genannt, das heißt Meichelbeck setzt voraus, daß dem Leser der Altar, der schon von Bonifatius und Ulrich geweiht worden war, bekannt ist. Es ist demnach sehr wahrscheinlich, daß er den Hauptaltar der Kirche meint, den Benediktusaltar. Zwar hatte die Klosterkirche ursprünglich den Hl. Jakobus als Hauptpatron, doch muß schon damals ein Benediktaltar vorhanden gewesen sein, da das Kloster nach der Benediktinerregel gegründet wurde[208]. Die um 800 an Benediktbeuern geschenkte Armreliquie des Heiligen hat bewirkt, daß schon im frühen Mittelalter das Hauptpatrozinium an Benedikt überging. Sollte dieser Altar gemeint sein, dann lag er im Chorbereich, wie auch die beiden neuen Altäre: der für Anastasia «hinter dem Hauptaltar» und der für Sixtus «rückwärts» vom Anastasia-Altar. Hier also hatte Abt Walter eine Baumaßnahme ergriffen, die so umfassend war, daß der Hauptalter entweiht wurde und 1143 nochmals geweiht werden mußte. Die Frage, welche Änderungen im Chor vorgenommen wurden, muß mangels archäologischer Untersuchungen offen bleiben. Vielleicht wurde das ganze Chorhaupt umgebaut, um Platz für neue Altäre zu schaffen.

Die oben zitierte Weihenachricht gibt außerdem keinen Aufschluß darüber, welchen Umfang die Baumaßnahmen Walters hatten. Es heißt nur, daß er die Kirche wiederherstellte («restauraverat»), was einem Neubau keinesfalls gleichkommen muß. Hundert Jahre später ist in der Beschreibung des Klosters nach dem Brand 1248 zu lesen: «major turris longe ante fuit deiecta, minor fulmine scissa...»[209]. Wenn der eine Turm schon 1248 seit langem baufällig war, müßte es sich bei den Türmen um ältere Bausubstanz als einen Neubau der Mitte oder der zweiten Hälfte des 12. Jahrhunderts handeln.

Das Jahr 1143 bringt für das Kloster etwas viel Wichtigeres: die seit 1116 in harten Auseinandersetzungen erkämpfte Unabhängigkeit vom Augsburger Bischof[210]. Besonders Abt Engelschalk (1123–1138), der Vorgänger von Abt Walter, hatte zuerst mit Bischof Hermann von Augsburg, der den rechtmäßig Gewählten gleich 1123 absetzte und nacheinander die Äbte Norpert (1123–1125?) und Oudalschalk (1125–1133) einsetzte, einen erbitterten Kampf geführt. Die währenddessen von Engelschalk in unermüdlichem Wirken bei Papst und Kaiser erreichte Unabhängigkeit des Klosters (1133, 1136) wurde vom Bischof Walter von Augsburg (1133–1156) mißachtet, der den inzwischen wieder in die Abtswürde eingesetzten Engelschalk sogar 1137/1138 exkommunizierte. 1138 gab Bischof Walter von Augsburg klein bei und mußte die Unabhängigkeit des Klosters anerkennen, die 1143 von Konrad III. in Regensburg bestätigt wurde. Walter wurde nach langer Zeit wieder einer der rechtmäßig gewählten Äbte des Klosters und konnte sich in Ruhe um den geistigen und materiellen Wiederaufbau des Klosters kümmern[211]. Auf Grund dieser historischen Begebenheiten scheinen die rührenden «tränenreichen» Altarweihen 1143 durch den Bischof Walter von Augsburg – bis vor kurzem Erzfeind des Klosters – und Abt Walter die Rolle eines Versöhnungsaktes zu spielen. Möglicherweise hat man deshalb aus politischen und auch aus liturgischen Gründen die Weihe der Altäre vor Abschluß der Bauarbeiten – welcher Art diese auch immer waren – durchgeführt. Es wäre auch sehr unwahrscheinlich, daß Abt Walter in den

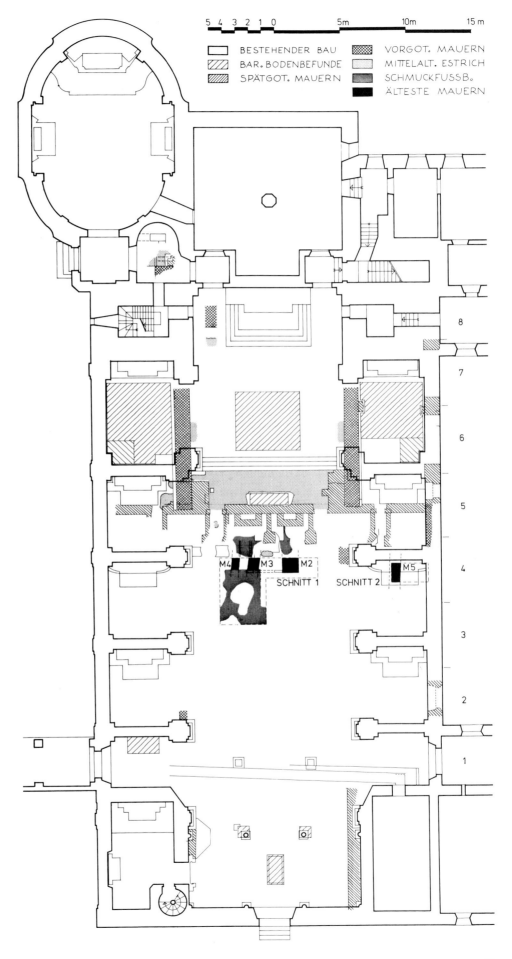

Abb. 37. Grundriß der Klosterkirche Benediktbeuern mit
Boden- und Mauerbefunden.

fünf Jahren seiner Amtszeit einen vollständigen Neubau errichtet hätte, den er 1143 weiht.

Die stilistisch-ikonographische Datierung des Fußbodens ins letzte Drittel des 12. Jahrhunderts legt nahe, daß die von Abt Walter eingeleiteten Baumaßnahmen während seiner ganzen Amtszeit, wahrscheinlich von Osten nach Westen hin, weitergeführt worden sind. Der oben beschriebene Befund, wonach der Gipsestrich im Chor an ein vorhandenes Altarpodest und im Mittelschiff an die Chorstufen angestrichen war, bestätigt seine spätere Ausführung. Der Schmuckfußboden muß als eines der letzten Ausstattungsstücke der Kirchen-«Wiederherstellung» erst gegen Ende seiner Amtszeit 1168 oder erst unter seinen Nachfolgern Albert (1168–1170) oder Werner (1176–1183) entstanden sein. Nach Walters Tod brechen die Zwistigkeiten mit dem Augsburger Bischof wie eine alte Wunde wieder auf. Albert wird vom Bischof Hartwig abgesetzt und Ortolf wird von ihm als Abt 1170 eingesetzt. Dieser tritt erst 1176 zurück und ermöglicht die rechtmäßige Wahl von Abt Werner[212]. Es ist daher unwahrscheinlich, daß der Schmuckfußboden unter Ortolf entstanden ist. Die Betonung der Tradition und Eigenständigkeit des Klosters durch die Darstellungen der Stifter und des Bonifatius bestärken diese Vermutung.

Über das Aussehen des romanischen Baues ist sehr wenig bekannt. Die heutige Südmauer des Langhauses birgt im Fundamentbereich Reste der romanischen Mauer, deren Putz teilweise erhalten ist. Die Putzgrenze entspricht der Höhe des inkrustierten Mittelschiffsbodens[213]. Analog dazu kann man annehmen, daß auch die heutige Nordwand derjenigen der romanischen Kirche entspricht. Im Mittelschiff wurden von Haas an zwei Stellen Reste der romanischen Spannmauern unter den barocken Pfeilern entdeckt. Diese können mit Vorsicht so gedeutet werden, daß die romanischen Pfeiler etwa in der Flucht der barocken standen, vielleicht aber auch um weniges gegen das Mittelschiff eingerückt (Abb. 37). Der Westabschluß der romanischen Klosterkirche ist nicht ergraben. Die Rekonstruktion des Schmuckfußbodens setzt ein Langhaus voraus, das sich mindestens so weit nach Westen hin erstreckte wie das barocke Schiff.

Der romanische Mönchschor lag drei Stufen höher als das Mittelschiff. Haas fand seitlich des Mönchschores massive Natursteinmauern von 1,20 m Breite[214], die ursprünglich wahrscheinlich bis zum Westabschluß dieses Chores, der in Verbindung mit dem Schmuckfußboden während der Grabung Sage festgestellt wurde, weitergeführt waren. Ihre Westenden waren nämlich in Höhe der gotischen Lettneranlage abgebrochen und wurden von den Lettnermauern umfaßt (Abb. 37)[215]. Die Seitenschiffe setzten sich seitlich des erhöhten Chores auf derselben Fußbodenhöhe wie der Schmuckfußboden im Mittelschiff fort. Wie man sich die seitlichen Chorusmauern im Aufgehenden vorstellen soll, ist unsicher, – entweder geschlossen bis zum Obergaden hin, oder mit Arkadenöffnungen, die auf die Längsmauern aufgesetzt waren.

Zwischen dem heutigen Hochaltar und dem Nordturm wurde eine Wackenmauer freigelegt, von der Haas annimmt, daß sie sich von Turm zu Turm zog. Er entdeckte die Westkante dieser Mauer, nach 1,60 m hatte er aber die Ostkante noch nicht erreicht[216]. Die im Plan (Abb. 37) eingezeichnete Mauer könnte aber ebensogut einen Ost-West gerichteten Verlauf haben und somit die Nordmauer des hinter dem Mönchschor gelegenen eingezogenen Sanktuariums sein, dessen Westkante den Westabschluß dieses Raumes markiert.

Es ist wohl anzunehmen, daß die beiden Türme seitlich des Chores schon romanische Vorgänger an dieser Stelle hatten. Ob sie genau so wie die barocken Türme ins Baugefüge eingepaßt waren oder in ihrer Lage auf diese Nordmauer des Sanktuariums Rücksicht nahmen, ist ungewiß. Die Befunde im nördlichen Durchgangsraum zur Anastasiakapelle sind ohne weitere Grabungen noch nicht klar deutbar. Haas faßt seine Beobachtungen zum romanischen Chor wie folgt zusammen: «Man muß sich dann allerdings auch fragen, ob der Chor seit jeher dreischiffig gewesen sei. Der Befund schließt nicht aus, daß die Längsmauern als Außenmauern aufgebaut worden sind und ihre Schrägsockel ursprünglich im Freien lagen. Zieht man aber andere querschiffslose Klosterkirchen der Romanik zum Vergleich heran und überlegt man, wie die Klausur an die Kirche angeschlossen haben könnte, so ergibt sich eine hohe Wahrscheinlichkeit, daß die romanische Choranlage von Anfang an dreischiffig war. Da das Sanktuarium östlich der Türme lag, ist zu vermuten, daß deren Erdgeschosse eine Verbindung zwischen den Seitenräumen des Chores und dem Altarraum hergestellt haben. Ein solches Öffnen der Türme im Erdgeschoß böte sich auch als Erklärung an für die statischen Schwierigkeiten, die 1672/73 dazu gezwungen haben, die Türme abzubrechen und neu zu bauen»[217].

Wenn auch die Grundrißdisposition des romanischen Kirchenbaues noch sehr unklar bleibt, so haben die archäologischen Untersuchungen einiges zur Kenntnis über die Ausstattung der Kirche in der zweiten Hälfte des 12. Jahrhunderts beigetragen.

Im Mönchschor schloß der Schmuckfußboden an einen Altar an, der in der Kirchenachse lag. Östlich dieses Altares vermutet Haas an der Stelle des gotischen Lettners einen romanischen Lettner oder eine Chorschranke[218]. Die untersten Schichten des Lettnerfundaments bestehen aus Kieseln und könnten somit für seine Annahme sprechen. Östlich des Lettners wurde ein schlichter Mörtelestrich festgestellt, der an die seitlichen Chorusmauern anschloß und erst kurz vor der oben genannten Mauer beim Nordturm endete. Dieser Estrich lag 40 cm höher als das Niveau des Schmuckfußbodens im Chor. Ob er aus dem 12. Jahrhundert stammt oder bei den Wiederherstellungen der Kirche nach dem Brand 1248 oder Einsturz 1288 eingebracht wurde, ist nicht festgestellt worden, da die Grabung nicht in tiefere Schichten eindrang.

Die Nähe eines Lettners oder einer Chorschranke hinter dem oben genannten Altar läßt vermuten, daß dies der Kreuzaltar gewesen sei[219]. Unmittelbar westlich vor den Stufen zum Altar wurde im Schmuckfußboden ein Pfostenloch mit Spuren eines im Durchmesser 39 cm starken Holzpfahles gefunden (Abb. 38; Abb. 6, 1; Abb. 8, 11, 12, 13). Die Stickung des Schmuckfußbodens spart die ganze Pfostengrube aus, der Gipsestrich dagegen läuft leicht eingesunken über die Grube bis an den einstmaligen Holzpfahl[220]. Der Estrich mußte also auf den stehenden Pfahl Rücksicht nehmen.

Im Mittelschiff konnte Mindera einen ähnlichen Befund beobachten. Etwa in der Mittelachse, an der Grenze vom inneren zum äußeren Kreis, lag ein weiteres Pfostenloch: «Man hatte es sorgfältig mit Bruchstücken des zerstörten Bodens abgedeckt, so daß es als Hohlraum erhalten geblieben ist. Holzfaserreste an der Wand des Hohlraums lassen auf einen Pfahl schließen, der früher aus dem Inkrustationsboden herausgeragt haben dürfte und möglicherweise etwas Kostbares trug»[221]. Aus dieser Formulierung Minderas geht nicht hervor, ob der Pfahl nach dem Einbringen des Gipsfußbodens, dessen Darstellungen er gestört haben dürfte, eingerammt wurde. Wann der Pfahl enfernt wurde, bleibt auch unklar. Die Beschreibung Minderas kann man einerseits so deuten, daß der Pfahl noch zu Zeiten der Benutzung des Fußbodens entfernt wurde und mit den passenden Bruchstücken das Pfostenloch abgedeckt wurde; das hieße, daß die Bruchstücke, vielleicht nur für kurze Zeit, sorgfältig aufbewahrt wurden. Unerklärlich bleibt dann allerdings, wie ein Hohlraum erhalten geblieben ist, wenn das Pfostenloch nur mit Bruchstücken abgedeckt weiterhin betreten wurde. Auch zeigen die Grabungsphotos Minderas (Abb. 3), daß der ganze Bereich des Schmuckfußbodens um das Pfostenloch völlig zerstört war, also kann er nicht die Abdeckung der Grube durch ein passendes Bruchstück gemeint haben.

Andererseits kann man Minderas Formulierung auch so deuten, – was plausibler wäre – daß der Pfahl erst bei der Aufgabe des Schmuckfußbodens entfernt wurde und vor der Aufschüttung für einen neuen Fußboden irgendwelche Bruchstücke des «zerstörten Bodens» darübergelegt wurden. Immerhin wollte man den Hohlraum bewahren, da er eine wichtig Stelle im Kirchenraum markierte und «möglicherweise etwas Kostbares» trug.

Da der erste Pfahl unmittelbar vor dem Kreuzaltar stand, ist anzunehmen, daß er ein Kruzifix trug. Die Aufstellung des Kruzifixes auf einer Säule ist für das Essener Münster und St. Michael in Hildesheim überliefert und analog für das Gerokreuz im Kölner Dom anzunehmen. In den ersten beiden Fällen stand es aber hinter dem Kreuzaltar[222]. Für die Anordnung des Gerokreuzes ist die Annahme Kiers, daß es hinter dem Kreuzaltar und unmittelbar vor dem Gerograb stand, plausibler als diejenige Doppelfelds und Weyres, die den Kreuzaltar hinter dem Gerokreuz und dem Gerograb lokalisieren wollen[223].

Abb. 38. Pfostenloch vor den Stufen zum Chor.

Trotz seiner ungewöhnlichen Stellung im Kirchenraum bietet sich für den Benediktbeuerer Pfahl vor dem Altar keine wahrscheinlichere Erklärung an.

Der westliche Pfahl im Mittelschiff hat, wenigstens eine gewisse Zeit lang, gleichzeitig mit dem Pfahl vor dem Altar existiert. Was dieser getragen haben mag ist unsicher; wahrscheinlich war es auch ein Gegenstand von besonderer liturgischer Bedeutung. Die Anordnung der beiden Pfosten auf der Mittelachse der Kirche und die annähernd gleichen Maße der Holzpfähle könnten auch dafür sprechen, daß sie zu einem größeren Pfostenkomplex – vielleicht eine Pfostenreihe auf der Mittelachse des Mittelschiffes – gehören, der archäologisch noch nicht erfaßt ist und dessen Bedeutung sich unserem Wissen vorläufig entzieht.

Das Bild der romanischen Ausstattung wird durch die Beschreibung des Wandmalereiprogrammes im Chor noch abgerundet[224]. Die Himmelfahrt Christi, darunter die Stifter und Ordensheilige, auf der Chorostwand wurde von Szenen aus der Jugend Christi und weiteren Heiligengestalten auf den seitlichen Chorwänden begleitet. Diese und wahrscheinlich noch andere, nicht überlieferte Wandmalereien, sowie die vielleicht bunte Verglasung der Kirche, die Skulpturen, Glocken, Teppiche, Purpurgewänder und ein Teil der Bücher fielen dem Brand 1248 zum Opfer[225].

Wie lange der Fußboden benutzt wurde, ist unsicher. Schichten, die Spuren eines Brandes, wie etwa Asche, Holzkohle usw. enthielten, wurden über dem Fußboden nicht festgestellt. Im Chor schloß an den Schmuckfußboden ein schlichter Estrich an, «offensichtlich eine Reparatur nach einer Zerstörung»[226]. Der Mittelschiffestrich war schollig zerbrochen und die Bruchstücke waren teilweise gegeneinander verschoben: «Viele Bruchstellen wirkten wie eingedrückt, so, als seien sie von schweren Gegenständen getroffen worden. Dagegen fehlte jede Verfärbung oder sonstige Veränderungen in der Fußbodensubstanz, die auf nennnenswerte Hitzeeinwirkung deuten konnten»[227]. Hatte das Feuer 1248 das Langhaus der Klosterkirche verschont?

Meichelbeck berichtet, daß ein Großteil der Kirchenmauern einstürzte: «Corruere plerique Ecclesiae muri, ac arae. Periere picturae: campanae, & vitra diffluxerunt»[228]. Er scheint sich auf andere Quellen zu stützen als die folgende Beschreibung des Klosterbrandes: «Anno incarnati verbi 1248, tempore abbatis Henrici II. statim post purificationem sanctae Mariae virginis ex instinctu diaboli omnium bonorum invidi, ah heu! crudelis ignis erupit et totum monasterii et principale altare divi Benedicti et cripta sancti Martini in terram corruerunt, omnes pariter campanae et omnia vitra diffluxerunt, sculptura, pictura, pretiosa pariter omnia sunt deleta, magna pars librorum, purpura, tapetia et ornatus desiderabilis est exustus; major turris longe ante fuit deiecta, minor fulmine scissa, ecclesia S. Laurentii prae vetustate et putredine, quia tecto carebat, penitus fuit dilapsa, dormitorium sororum et totum claustrum defecerat, hospitium desolatum per multos annos iacebat, unde hospites advenientes assidue nostras officinas et villas vastabant»[229].

Dieser Beschreibung zufolge wurde der Großteil des Schadens an den Klostereinrichtungen angerichtet; von der Kirche wurden nur die Ausstattung und der Benediktusaltar zerstört. Da schon fünf Jahre später eine Weihe von mehreren Altären überliefert ist, kann es sich nur um Reparaturen handeln, die während dieser Zeit durchgeführt worden sind, nicht aber um einen Neubau der Kirche: «Postera die 28. Sept. quae erat Dominica, dedicavit in Ecclesia Monasterii nostri aras quatuor, nempe S. Crucis, S. Joannis Baptistae, S. Nicolai, & S. Mariae Magdalenae ac statuit, ut, donet etiam ara maior reparetur, Anniversaria dies Dedicationis Ecclesiae in ara S. Crucis perageretur. Die 29. Septembris, Divo Archangeli Michaeli sacra, sacris caeremoniis initiavit ipsam Ecclesiam in honorem S. Benedicti, ac Anastasiae: item aram Oratorii Abbatialis in honorem S. Michaeli Archangeli»[230].

Am Sonntag den 28. September 1253 weihte Bischof Sibotho von Augsburg also vier Altäre, darunter den Kreuzaltar, der wohl vor der von Haas angenommenen Mönchschorschranke stand. Der Standort der anderen drei Altäre ist schwer zu lokalisieren, wahrscheinlich befanden sie sich nicht im Sanktuarium. Der Hauptaltar wird als wiederhergestellt genannt, das Fest der Kirchweihe dennoch am Kreuzaltar gefeiert. Diese Weihenachricht gibt uns einen klaren Hinweis darauf, daß die gesamte Ostpartie der Kirche während des Brandes gelitten haben muß, in erster Linie das Sanktuarium mit dem Benediktaltar, der auch im Bericht über die Brandkatastrophe als zerstört beschrieben wird. Inwieweit die Schäden auch die westlichen Teile der Kirche in Mitleidenschaft gezogen hatten, ist freilich aus den chronikalen Beschreibungen nicht ersichtlich. Vielleicht gehört die Reparatur des Schmuckfußbodens in der Nähe des Kreuzaltares in die Zeit zwischen 1248 und 1253. Eventuelle Reparaturstellen im Mittelschiffboden sind seines fragmentarischen Zustands wegen nicht mehr feststellbar. Da er aber wie zertrümmert wirkt, wird er wohl bis zum Einsturz der Kirche 1288 in Gebrauch gewesen sein. Das Fehlen der Brandspuren kann man sich nur so erklären, daß der Brand das Langhaus weitgehend verschont hat und Flugasche- oder Schuttschichten sorgfältig entfernt worden sind. Eine archäologische Untersuchung der tieferen Schichten im Chor und auch im Westen der Kirche könnte diese Überlegungen erhärten.

Ein Aspekt der Entstehungsgeschichte des Schmuckfußbodens wurde bisher überhaupt nicht zur Diskussion gestellt: die Frage nach Meister oder den Meistern, die ihn hergestellt haben. Freilich muß man sich fragen, ob der Inkrustator auf dieses Handwerk spezialisiert war oder ob ein Maler oder Goldschmied die Figuren des Fußbodens ausführte. Beiden Kunstgattungen steht die Fußbodentechnik nahe. Die Maler waren durch die Wandmalerei imstande, lebensgroße Figuren zu entwerfen; den Goldschmieden ist die Technik der Einritzung der Linien und des präzisen Ausfüllens mit verschiedenen Pasten, allerdings nur bei kleinen Figuren, geläufig. Die Miniatoren dieser Zeit beherrschten den zeichnerischen Stil, der in den Fußbodendarstellungen zu Ausdruck kommt, ebenfalls nur in kleinformatigen Bildern.

Das Traditionsbuch des Klosters führt, gerade in der zweiten Hälfte des 12. Jahrhunderts, unter den Zeugen, die bei Schenkungen, Käufen und Verkäufen dabei waren, zahlreiche Maler und Goldschmiede auf. Dies zeigt auch, welch hohes Ansehen sie genossen haben. Von den neun Malern und zwei Goldschmieden, die zwischen 1143 und 1183 genannt sind, mögen einige nur kurze Zeit in Benediktbeuern tätig gewesen sein, den sie tauchen nur je einmal in den Urkunden auf: so Hartmandus und Bernhardth 1143[231], Eberhard um 1148 oder 1168[232], Gotfridus 1160[233] und Gebehardus um 1148 oder 1168[234], alle als «pictor» bezeichnet; oder die Goldschmiede Bernhardus[235] und Heinricus[236], beide um 1151 – 1153. Vielleicht waren sie nur aushilfsweise aus anderen Klöstern nach Benediktbeuern gekommen. Bekannt ist der umgekehrte Fall, daß die Benediktbeurer Maler Bertold und Pertrik sich im Kloster

Schäftlarn aufhielten und dort als Zeugen um 1170/1173 auftraten[237].

Der Maler Gotescalch freilich scheint eine besondere Rolle im Kloster gespielt zu haben. Er wird in 17 Urkunden im Zeitraum von 1150 bis 1183 genannt[238]. Aus den Urkunden geht hervor, daß er aus «Pessinbach» stammt und daß sein Bruder Sigimar Schmied war. Um 1170 tritt er mit seinem Sohn Heinricus, ebenfalls Maler, als Zeuge in den Traditionen des Klosters Schäftlarn auf; erst um 1173 ist er mit seinem Sohn wieder in Benediktbeuern[239]. Vielleicht hängt dieser Aufenthalt mit einem Auftrag für ein Wandgemälde im Kloster Schäftlarn zusammen[240], an dem auch Bertold und Pertrik beteiligt sind, aber es ist auffällig, daß es gerade der Zeitraum ist, in dem der vom Augsburger Bischof Hartwig eingesetzte Ortolf Abt in Benediktbeuern war, so daß dieser Aufenthalt auch politische Gründe haben kann[241].

Selbst wenn man diese Künstler in keine direkte Beziehung zum Schmuckfußboden setzen kann, wird durch die Urkunden klar, daß besonders zu Abt Walters Zeiten und in den Folgejahren ein Reihe von Kunsthandwerkern dem Kloster zur Verfügung standen, um die Ausstattung der neuen Kirche herzustellen. Leider gibt es in der schriftlichen Überlieferung nicht den geringsten Hinweis auf Werke, die diese Künstler geschaffen haben. In Gotescalch und Heinrich die Schöpfer der Wandmalereien im Chor oder des Schmuckfußbodens zu sehen, ist ein verlockender, aber unbeweisbarer Gedanke. Auch darf man die Möglichkeit nicht ausschließen, daß ein auswärtiger, auf die Herstellung von Gipsfußböden spezialisierter Handwerker den Benediktbeurer Fußboden geschaffen hat. Beim jetzt bekannten Bestand an Gipsfußböden ist aber auch diese These vorläufig unbeweisbar.

Die Vorgängerbauten der romanischen Klosterkirche

Im Rahmen der Befunde zur Baugeschichte der Klosterkirche fällt dem Schmuckfußboden eine Schlüsselstellung zu, da er als einzig datierbarer Fund einen terminus ante für die tieferen Schichten darstellt. Der Mangel großflächiger Untersuchungen schränkt aber die Aussagekraft der von Sage beobachteten Befunde zu den Vorgängerbauten sehr ein. Der kleine Grabungsausschnitt, der bis zum gewachsenen Boden geführt wurde, erfaßte zwei bis drei Bauphasen, die vor der zweiten Hälfte des 12. Jahrhunderts liegen müssen. Kleinfunde zur Datierung dieser Phasen fehlen.

Der älteste Befund ist eine 80 cm starke Mauer M 3, die in Ost- Westrichtung verläuft, aber von der Orientierung der Kirchenachse abweicht (Abb. 37; Abb. 8, 22; Abb. 7, 26)[242]. Etwa parallel dazu laufen die Mauern M 2 und M 4 beidseitig der Mauer M 3 im Mittelschiff (Schnitt 1) und die Mauer M 5 im südlichen Seitenschiff (Schnitt 2), die zu einer nächsten Bauphase gehören[243]. M 4, nur 60 cm breit und M 5 waren wenig tief gegründet, während die Mauer M 2 wesentlich tiefer reichte und eine Mauerstärke von 1,25 – 1,30 m aufwies. M 2 brach bei 2 m West ab, die anderen Mauern M 4 und M 5 liefen über die Schnittgrenze hinaus durch. Der weitere Verlauf dieser Mauern und ihre Funktion ist vorläufig nicht rekonstruierbar. Die dritte Phase ist besser faßbar. Ein Mörtelestrich, dessen Stickung über M 3 liegt, aber an die Mauern M 2, M 4 und M 5 anschließt, zieht über alle genannten Mauern. Seine Stickung liegt zum größten Teil auf dem gewachsenen Boden auf, so daß anzunehmen ist, daß eine Planierung des Geländes vorher stattgefunden hat (Abb. 8, 16 – 18; Abb. 7, 20 – 23) [244]. Dieser Estrich ist längere Zeit in Gebrauch gewesen. Er war stark abgetreten und durch eine weitere Estrichschicht repariert worden. Der Estrich, der auf 15 m Breite festgestellt worden ist, kann zusammen mit den Mauern M 2, M 4 und M 5 entstanden sein; dann sind diese Mauern Spannmauern und M 2 vielleicht der Ansatz der abtrennenden Chorusmauer [245]. Will man in den Mauerzügen durchgehend aufgehendes Mauerwerk sehen, so ist der Estrich jünger. In diesem Fall könnte der Fundamentvorsprung der südlichen Langhauswand [246], der – vielleicht nur zufällig – auf derselben Höhe wie der Estrich liegt, darauf hindeuten, daß das Bruchsteinfundament in den unteren Teilen auf einen Vorgängerbau zurückgeht, der dieselbe Orientierung wie der stehende Bau hatte. Allerdings konnte im zugänglichen Teil der Süd-Außenmauer keine Baufuge festgestellt werden.

Eine Datierung dieses Großbaues ins 11. Jahrhundert (Estrich und M 2, M 4 und M 5) wurde schon von Sage vorgeschlagen [247]. Vielleicht gehört dann die Mauer M 3 zu der nach dem Ungarnsturm aufgebauten Kirche des von Bischof Ulrich eingerichteten Kollegiatstifts aus dem 10. Jahrhundert. Das Fehlen der Brand- und Zerstörungsschichten, die aus der Zeit des Ungarnsturmes stammen müßten, ist durch die Planierung des Geländes zu erklären; somit wurden wahrscheinlich auch alle Spuren der karolingischen Bauphasen restlos zerstört.

Die mittelalterlichen Gipsfußböden

Übersicht über den Bestand

Die Anzahl der bekannten Gipsfußböden ist relativ gering. Sie wurden von Hiltrud Kier 1970 erstmalig zusammengefaßt [248]. Die darauf folgenden Jahre brachten jedoch neue Entdeckungen von Fußböden dieser Art, deren Anzahl sich jederzeit durch weitere Ausgrabungen vergrößern kann. Eine endgültige Aussage zu dieser Kunstgattung scheint deshalb noch verfrüht; die folgende kurze Beschreibung des Denkmälerbestandes aber soll die Übersicht erleichtern.

Schon 1850 kam bei der Erneuerung des Dielenfußbodens in der Ostapsis des *Hildesheimer Domes* der erste Estrich dieser Art zutage [249]. Von den Bauarbeitern fast vollständig zerstört wurden die Bruchstücke ins Dombaumuseum gebracht, in dessen Schausammlung einige kleine Teile ausgestellt sind. Vom Originalbefund wurde bei der Entdeckung eine Zeichnung angefertigt [250], doch einige der darin eingezeichneten Bruchstücke des Fußbodens waren schon ein paar Jahre später verschollen, so daß weitgehend Unsicherheit über den tatsächlichen Bestand des Fußbodens herrscht. Die technische Ausführung ist der des Benediktbeurer Fußbodens sehr ähnlich. Eine 25 mm dicke Gipsmasse, mit kleinen Mengen kohlesauren Kalkes und Schwefelsäure, lag auf einer groben Bruchsteinstickung. Die Zeichnung war 4 mm tief eingeritzt und mit rotem und schwarzem Gips ausgefüllt [251].

Ein breites, geometrisch gemustertes Band, in das sieben Medaillons eingegliedert waren, umsäumte das Apsisrund. Das Medaillon im Apsisscheitel zeigt einen Kopf mit drei Gesichtern, das entweder als Symbol der Dreifaltigkeit [252], als Symbol

der Zeit, Vergangenheit/Gegenwart/Zukunft [253], oder als Symbol der Winde [254] gedeutet wurde. Die Darstellungen des Lebens, als Brustbild einer jungen Frau, und des Todes, als Brustbild eines kahlköpfigen Mannes, waren beidseitig des Mittelmedaillons angeordnet. Daran reihten sich noch vier Rundbilder mit Symbolen der vier Elemente: links die Luft als blasender Mann und das Feuer als Basilisk; rechts die Erde als Bauer und das Wasser als entenköpfiger Mensch mit einem Fisch und einem Dreizack in den Händen. In der Mittelfläche der Apsis wurden Tugend- und Lebensalterdarstellungen von einem großen Kreis eingeschlossen. Von den einst ganzfigurigen stehenden Frauengestalten sind nur die Oberkörper der Fortitudo und der Iuventus im südöstlichen Teil und derjenige der Sapientia im westlichen Teil des Kreises erhalten. Angeblich sollen aber noch Reste einer Spes- und Gaudium-Figur bei der Entdeckung sichtbar gewesen sein. Die Einteilung des Kreises in vier Segmente um einen Mittelkreis ist hypothetisch. Über die Rekonstruktion der Darstellung dieses Mittelkreises gingen die Meinungen auseinander: angefangen mit der Gestalt des thronenden Christus [255] reichten sie über die Darstellung des Homo, des Lamm Gottes oder Opfer Abels [256] bis zum Bild des Annus mit Sol und Luna [257]. Der äußere Kreis wurde von zwei menschlichen Figuren, deren nackte Füße auf den Bruchstücken des Fußbodens noch erhalten sind, gehalten und von einer bewegten Ranke mit fleischigen Blättern eingerahmt. Vor dem Westabschluß der Apsis, der durch einen figürlichen Streifen im Boden markiert war, füllten zwei mit Zickzackmuster doppelt umrandete Medaillons die Zwickel des Kreises. Im nördlichen Medaillon war das Opfer Abrahams dargestellt, für das südliche wird Melchisedeks Opfer angenommen. Kiers Datierung dieses Fußbodens in die Zeit Bischof Brunos (1153 – 1162), von dem die Stiftung eines Daches und eines Fußbodens für den Dom überliefert wird, ist auch aus stilistischen Gründen – fleischige Blätter, weiche Faltengebung – plausibel.

Eine Grabungsnotiz Wesenbergs von 1949 nennt neben karolingischen Funden aus dem Dom auch einen «Niello – Gipsestrich des 11. Jahrhunderts» [258], ohne aber die Lage oder weitere Einzelheiten zu diesem Fußboden anzugeben. Es handelt sich wahrscheinlich um falsch datierte Teile des gleichen Estrichs wie in der Apsis. Der Estrich des Vorgängerbaues aus dem 11. Jahrhundert, der mit eingelegten Ziegelstücken verziert war, kann nicht mit dem «Niello»-Estrich gemeint sein [259].

Unklarheiten herrschen auch über das einstige Aussehen des Gipsfußbodens der *Benediktinerkirche St. Ludgeri zu Helmstedt*. Ende des 19. Jahrhunderts fand man im Mittelschiff den gut erhaltenen Gipsfußboden, der unmittelbar vor dem erhöhten Chor die ganze Breite des Mittelschiffes von 9,40 m einnahm und sich 2 m westlich davon nur noch als schmälerer Mittelstreifen nach Westen erstreckte [260]. Der Estrich besteht zu 88,7 % aus Gips und enthält außerdem kohlesauren Kalk und Kalk. Die 5 mm tiefen, im Querschnitt V-förmigen Einritzungen waren mit Gips ausgefüllt, der durch Fichtenholzkohle und mit rotem Ton gefärbt wurde [261]. Die Darstellung der sieben Weisen des Altertums mit Spruchbändern, auf denen Fragen und Antworten stehen, wurde von Streifen mit Ranken und Tieren gerahmt. Unter den letzteren befindet sich ein dem Hildesheimer Apsisscheitelmedaillon ähnlicher dreigesichtiger Kopf, hier mit einem Vogelkörper, den Kier wieder als Symbol der Winde deutet [262]. Von den angeblich sieben Weisen des Altertums waren Ende des 19. Jahrhunderts noch vier Figuren ganz und zwei fragmentarisch erhalten [263]. 1948/49 wurden die bis dahin unter dem Kirchenfußboden befindlichen Estrichteile in

Abb. 39. Helmstedt, St. Ludgeri – Fußbodenfragmente in der Krypta, um 1150.

die Krypta übertragen, wo sie auch heute noch zu besichtigen sind (Abb. 39 und 40). Die Figuren des westlichen Mittelstreifens waren zu diesem Zeitpunkt bereits verloren gegangen. Dafür wurden bei diesen Arbeiten weitere Bruchstücke des Fußbodens im Mörtel der Tonne über dem Eingang zur Felicitaskrypta gefunden[264]. Wo sich diese Teile jetzt befinden, ist nicht ersichtlich.

Darüberhinaus ist selbst Kier entgangen, daß in der Schausammlung des Landesmuseums in Braunschweig bisher un-

Abb. 40. Helmstedt, St. Ludgeri – Detailaufnahme der Fußbodenreste.

beachtete Fragmente des Helmstedter Gipsfußbodens ausgestellt sind, darunter Bruchstücke von sieben Köpfen und einer langgekleideten Figur ohne Kopf und Arme, sowie Tiere, Ranken und Spruchbandfragmente[265]. Sie wurden 1910 in Jurxheim vom Museum aufgekauft und sollen aus dem Westteil der Kirche stammen. Die Köpfe (Abb. 41) sind mit denjenigen, die auf der Zeichnung des 19. Jahrhunderts abgebildet und inzwischen verschollen sind, nicht identisch. Das Rankenfragment aber scheint vom östlichen Abschlußfries zu stammen, da die Rankenmuster sich entsprechen. Zwei bis drei der bärtigen Kopffragmente mit Hut müßten ebenfalls zu Figuren von Weisen des Altertums gehören, was die Zahl dieser «Weisen» auf neun erhöht; zwei maßstäblich kleinere jugendliche Köpfe könnten zu einer größeren, vielleicht narrativen Szene gehören; die letzten beiden Gesichtsfragmente sprechen für die Existenz zweier um etliches größerer Figuren als die der Weisen (Abb. 41). Zwei löwenartige Tiere (Abb. 42) dürften einen abtrennenden Streifen geziert haben, so wie sie im Streifen unter den östlichen Weisen auf der Zeichnung des 19. Jahrhunderts zu sehen sind. Diese Fragmente weisen darauf hin, daß das Gesamtprogramm nicht nur die sieben (neun) Weisen des Altertums beinhaltete, sonder viel komplizierter war. Im Gegensatz zu den in Helmstedt ausgestellten östlichen Fußbodenteilen sind die Bruchstücke im Braunschweigischen Landesmuseum stärker abgetreten, was für die Lokalisierung in den mehr beanspruchten und westlichen Teilen des Mittelschiffs spricht. Da aber keine genauen Lageangaben zu diesen Fragmenten bekannt sind, ist eine Rekonstruktion der westlichen Fußbodendarstellungen unmöglich. Datiert wird der Helmstedter Fußboden von Kier und Meier[266] um 1150. Eine Baunachricht von 1133, die sich auf den Chor beziehen soll[267], widerspricht dieser Datierung nicht.

Relativ gut erhalten hat sich ein weiterer Gipsfußboden in der ehemaligen *Benediktinerkirche zu Ilsenburg* (Bezirk Magdeburg)[268]. 1933/38 wurden bei Wiederherstellungsarbeiten die Reste eines Gipsestriches in den westlichsten drei Doppeljochen des Mittelschiffs entdeckt. Bekannt ist, daß er rot und schwarz inkrustiert war; weitere technischen Angaben fehlen. Der Fußboden zeigt die Darstellung eines Baumes, dessen Wurzel am Westende noch schwach erkennbar ist. Die Verästelungen des Baumes bilden zu beiden Seiten je fünf aus Ranken gebildete Kreise, die Tierdarstellungen enthalten. Ein Hirsch, der von einem Hund angefallen wird, und ein Drache sind noch gut erhalten. Ein fischartiges Wesen mit Menschenkopf wendet sich am Westende dem Stamm des Baumes zu. Seitlich wird die Mittelschiffdarstellung von einem ornamentalen Streifen gerahmt, der die teppichhafte Wirkung des Fußbodens noch verstärkt. Die Interkolumnien sind mit Rosetten und Blattwerk verziert, die Säulen und Pfeiler mit einer einfachen Linie umrandet. Zeitlich gehört dieser Fußboden der Bauphase des späten 12. Jahrhunderts an, als die Basen und Kapitelle der Kirche durch Stucküberzug «modernisiert» wurden. Er ist daher um 1200 oder sogar an den Anfang des 13. Jahrhunderts zu setzen.

Östlich der eben beschriebenen Fußbodendarstellungen wurden in derselben Technik, aber nur in schwarzer Farbe inkrustiert, nachträglich vier Grabplatten des 14. Jahrhunderts eingefügt. Eine davon ist fast vollständig erhalten und zeigt die Gestalt eines Abtes mit umlaufender Inschrift[269].

Ein weiterer Estrich befand sich außerdem unter dem Fußboden des 12./13. Jahrhunderts. Er soll auch «gemustert» gewesen sein[270] und gehört wohl dem 11. Jahrhundert an. Über sei-

Abb. 41, 42. Fußbodenfragmente aus St. Ludgeri, Helmstedt. Landesmuseum Braunschweig. Kopffragmente (oben) und Fragment eines Tierfrieses (unten).

ne Materialbeschaffenheit und die Darstellungen ist nichts näheres bekannt.

Im *Dom zu Erfurt* ist in der Kapelle des zweiten Geschosses des Nordturmes der Gipsestrich noch in situ erhalten[271]. Er schmückt ein 18 cm hohes Altarpodest. Vor der Altarfront sind in den 2 cm starken Gips drei Medaillons mit 47 cm Durchmesser eingeritzt, von schwarz inkrustierten Inschriften zwischen roten und schwarzen Linien umrandet. Das mittlere Medaillon zeigt eine weibliche gekrönte Halbfigur in frontaler Stellung. Ähnliche, fast vollständig zerstörte Halbfiguren in den seitlichen Medaillons wenden sich ihr zu. Die umlaufende Inschrift der linken Figur bezeichnet diese als «Fides»; die anderen Inschriften sind sehr fragmentarisch, immerhin könnte das «BON ...» über der rechten Frauengestalt zu Bonitas ergänzt werden. Kier nimmt an, daß hier die drei theologischen Tugenden Fides, Spes und Caritas dargestellt sind, wobei Bonitas die Caritas ersetzen könnte. Die Flächen um die Medaillons und seitlich des Altars sind mit einem Schachbrettmuster verziert. Der Estrich soll um 1160 entstanden sein. Dies ist aber angesichts der Tatsache, daß der Neubau des Domes erst 1154 begonnen wurde, vielleicht eine etwas zu frühe Datierung.

Kier nennt in ihrer zusammenfassenden Arbeit auch flüchtig den Gipsestrich der *Drübecker Benediktinerkirche*[272]. Über das Aussehen des Fußbodens sei ihr allerdings nichts bekannt.

In der von ihr genannten Literatur wird eindeutig auf einen um 1194 im kurz zuvor erhöhten Chor eingelassenen Fußboden hingewiesen, der «mit einem sehr weißen glatten Stuck überzogen (wurde), in den Grabplatten in Ritztechnik eingelassen wurden. Auf der einen waren die Figur und der Name eines Propstes Hunold zu erkennen. Es gab zwei Pröpste dieses Namens, die zwischen 1194 und 1219 erwähnt wurden. Unter den Stuckgrabplatten wurden bei dem Aushub des Fußbodens gemauerte Gräber freigelegt. ... Die Stuckplatten können erst später als Erinnerung an bedeutende Persönlichkeiten geformt sein, da sie in den umgebenden Estrich eingearbeitet waren und über den schon gestörten Grabstellen lagen. Sie waren auch lagemäßig etwas verschoben, da die ursprünglichen Gräber wohl nicht mehr genau bekannt waren»[273]. Die Datierung dieser Grabplatten (Abb. 43) kann aber aus stilistischen und epigraphischen Gründen nicht allzu spät angesetzt werden, spätestens in die ersten Jahrzehnte des 13. Jahrhunderts. Nicht nur der Schriftcharakter der Buchstaben, auch die leider nur in kleinen Abschnitten erhaltene weiche Linienführung der Faltengebung am Halsansatz und Ärmel rücken ihn dem Benediktbeuerer Fußboden nahe.

Einer der ornamental reichsten Beispiele seiner Art ist der Gipsfußboden aus der ehemaligen *Benediktinerkirche Nienburg*. «Zahllose Bruchstücke eines Stuckfußbodens, der im 12. Jahrhundert vermutlich im Chor und in der Ostapsis gelegen hat»[274], wurden 1926 bei Grabungen in der Schicht, mit der 1242 die Krypta des Vorgängerbaues verfüllt wurde, gefunden. Der Fußboden blieb bisher unpubliziert, wird jedoch zur Zeit von Dr. G. Beyer (Nienburg) bearbeitet. Seiner freundlichen und großzügigen Mitarbeit sind die folgenden Angaben zu diesem Fußboden zu verdanken.

Abb. 43. Benediktinerinnenkirche Drübeck, Grabplatte des Propstes Hunold, Anfang 13. Jh.

Abb. 44. Fußbodenfragment aus der Benediktinerkirche Nienburg, um 1200.

Gefunden wurden etwa 800 Bruchstücke, von denen sich 87 Fragmente, die schon in den sechziger Jahren zusammengefügt und in Gips eingebettet wurden, im Museum Bernburg befinden. Die restlichen Bruchstücke, meist nur 25–150 qcm groß, werden zur Zeit in mühevoller Kleinarbeit zusammengestellt. In technischer Hinsicht unterscheiden sich die Nienburger Stücke von den anderen Fußböden, da hier die roten Inkrustationen, im Gegensatz zu den schwarzen, nicht nur linear sondern auch flächig eingesetzt sind, so daß Tier- und Pflanzendarstellungen hell auf rotem Grund erscheinen.

Dank der freundlichen Hilfe von Dr. Berger und Dr. Leopold vom Institut für Denkmalpflege in Halle ist es gelungen, vier

Abb. 45. Fußbodenfragment aus der Benediktinerkirche Nienburg, um 1200.

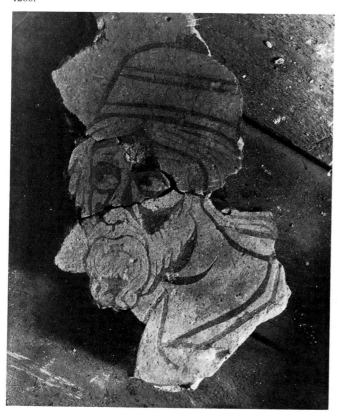

Photographien von den Bernburger Bruchstücken und den Pausen der Estrichreste zu bekommen. Eines der Bruchstücke stellt einen bärtigen Mann dar, der sich mit erhobenem Arm nach rechts wendet (Abb. 44). Ein anderes Fragment zeigt einen ausdrucksvollen Kopf eines älteren Mannes mit langen, in den Nacken gekämmten Haaren und leicht gelocktem Bart. Er trägt eine runde Mütze mit einer knopfartigen Bekrönung, die derjenigen der Figur im äußeren Kreis des Benediktbeuerer Fußbodens ähnlich ist. Möglicherweise handelt es sich auch bei dieser Figur um die Darstellung eines Vertreters des Alten Testamentes oder eines antiken Autors (Abb. 45). Die durchgepauste Zeichnung stellt eine weibliche Figur dar, die durch die Inschrift über ihrem gekrönten Haupt als «FORTITVDO» bezeichnet ist. Ihr Kopf ist leicht nach links geneigt, ihr linker Arm erhoben. Eine weitere Frau, ebenfalls gekrönt und mit einem Mantel bekleidet, ist auf der zweiten Zeichnung abgebildet. Ihr Blick ist starr nach vorne gerichtet, ihre Haare sind streng nach hinten gekämmt und zu Zöpfen geflochten. Die oberhalb der Figur eingeritzten Buchstaben «VB.TVE N» entstammen wohl einer längeren Inschrift, die laut Auskunft von Dr. Beyer jedoch fälschlich dieser Figur zugeordnet wurden. Außerdem zeigen die Pausen ein Medaillon mit einem Brustbild einer gekrönten, wohl männlichen Figur, eine Tierfigur und einige ornamentale Bruchstücke. Die Rahmung der Fortitudo-Inschrift wie auch ein Rest einer Kreiseinfassung mit Spuren einiger Buchstaben über dem Kopf des bärtigen Mannes mit Mütze (Abb. 45) weisen darauf hin, daß diese Figuren in Medaillons dargestellt waren. Außer diesen sind beim jetzigen Bearbeitungsstand, laut Angaben von Dr. Beyer, noch drei Tugenden als Halbfiguren, zwei männliche Figuren sowie verschiedene Tiere in Medaillons zu rekonstruieren. Die bei Kier genannte und als Annus-Darstellung gedeutete[275] thronende und gekrönte Figur wurde inzwischen durch Beischriften als Salomo identifiziert. Sie könnte das Zentrum des Fußbodens gebildet haben.

Der Nienburger Fußboden ist nach dem Brand der Kirche 1163 angelegt worden. Der Bearbeiter zieht eine Entstehungszeit um 1200 am ehesten in Erwägung. Vielleicht verbergen sich hinter diesen Bruchstücken noch interessante ikonographische Parallelen zum Benediktbeuerer Fußboden.

Anzufügen wären auch die neuesten Funde aus dem *Halberstädter Dom*. Ihre Kenntnis ist einer freundlichen Mitteilung von Dr. Leopold zu verdanken, der in einem Brief an Prof. Sage dazu folgendes kurz berichtet: «In Halberstadt wurde nach dem Grabungsbefund der nach 1179 im ottonischen Dom angelegte Gipsestrich des Mittelschiffes westlich des Kreuzaltars für eine Bestattung durchbrochen. Man schloß die Lücke dann wieder in gleicher Technik und markierte im Boden durch einen aus drei parallel laufenden, eingeritzten Linien bestehenden Rahmen (18,5 cm breit), eine insgesamt 2,0 m lange und 0,90 m breite, rechteckige Grabplatte. Von den vielleicht ursprünglich vorhandenen Einlagen war nichts mehr zu erkennen. Das nicht näher untersuchte Grab kann nur durch Einordnung in die Stratigraphie datiert werden und wurde danach frühestens gegen Ende des 12. Jh. spätestens im Anfang des 15. Jh. vor der Aufgabe des Estrichs (Abbruch des ottonischen Langhauses) angelegt[275a]».

Nur sehr wenig ist über den Gipsestrich der *Stiftskirche in Quedlinburg* bekannt. Bei Grabungen im Jahre 1937 wurde «ein Stück eines romanischen Stuckestrichs mit Ritzornamenten, die schwarz und rot ausgegossen sind», aufgefunden[276]. Kier datiert dieses Fragment in die zweite Hälfte des 12. Jahrhunderts[277].

Der letzte von Kier erfaßte Gipsfußboden soll angeblich in der Krypta der *Stiftskirche zu Wiślica* in Polen noch in situ zu sehen sein. Streifen, die von Pfeiler zu Pfeiler ziehen, gliedern den Fußboden in rechteckige Felder. Diese Streifen sind mit Rankenornamenten und Tierdarstellungen in Medaillons verziert. In einem der Felder sind die ganzfigurigen Stifterdarstellungen – ein Ehepaar mit Sohn – mit bittender Geste inkrustiert. Im Gegensatz zu den anderen Gipsfußböden wurden die Ritzlinien in Wiślica nur mit schwarzer Paste gefüllt. Kier datiert ihn, angesichts der Rankenformen, ins dritte Viertel des 12. Jahrhunderts[278].

Abb. 46. Fußbodenfragment aus dem Basler Münster, vor 1183.

In den letzten Jahren wurden bei Ausgrabungen in mittelalterlichen Kirchen weitere Gipsfußböden entdeckt. In einem der Vorberichte zur Ausgrabung im *Basler Münster* ist die Darstellung eines Drachens auf einem Gipsfußbodenfragment abgebildet (Abb. 46)[279]. Der Kopf des Tieres ist rot, der Körper und die zwei konzentrischen Kreise des Medaillons, das ihn umgibt, sind schwarz inkrustiert. Der Fußboden ist sehr gut erhalten, mit einer völlig glatten Oberfläche, die auf kurze Benützungsdauer schließen läßt. Aus einer der Grabungsabbildungen[280] ist ersichtlich, daß er sich im südlichen Teil des Mittelschiffes befand. Er soll aus der letzten Zeit der Benützung des «Heinrich-Bodens» stammen, also wohl vor 1183, dem Jahr, in dem das Heinrichsmünster abgebrannt ist. Eine genauere Beschreibung und Datierung wird demnächst von H. R. Sennhauser in der Endpublikation der mittelalterlichen Befunde aus dem Basler Münster vorgelegt.

Bis jetzt unpubliziert blieben auch die höchst interessanten Fußbodenfunde aus der *Benediktinerkirche St. Mang in Füssen*. Sie wurden 1970 von dem verdienstvollen früheren Heimatpfleger Paul Mertin ausgegraben, photographisch und in «Maßskizzen» festgehalten und vom jetzigen Heimatpfleger Joseph Lorch geborgen. Die Fragmente sollen, sobald ein Raum dafür zur Verfügung steht, im Füssener Heimatmuseum ausgestellt werden. Vorläufig befinden sie sich teils in Vitrinen, teils verpackt in einem Nebenraum der Klosterkirche. Die Auswertung dieser Funde wurde von Mertin begonnen, in dessen Nachlaß einige handschriftliche, anscheinend druckreife Manuskripte gefunden wurden, deren Drucklegung aber durch Mertins Tod verhindert wurde. Sie sind hier im Anhang publiziert.

Das einzige Fußbodenstück, das in situ gefunden wurde, lag im erhöhten Ostchor der Klosterkirche vor dem Magnusaltar (Abb. 47)[281]. Es hat die Form eines Trapezes mit 1,55 m Seitenlänge, 1,70 m Breite am schmalen und 2,20 m am breiten Ende. Das breite westliche Ende ist durch den Einbau der barocken Marmorbalustrade stark gestört. Über einer groben Steinstickung ist die Gipsmasse drei bis vier Zentimeter dick aufgetragen. In die Fläche wurden die Zeichnungen bis 4 mm tief eingeritzt; die Ritzungen sind verschieden breit und haben teils rechteckige, teils V-förmige Querschnitte. Mertin will bei der Entdeckung unter der Lupe Spuren der ursprünglichen farbigen Gipseinlage festgestellt haben, aber da andere Fußbodenbruchstücke mit Ritzzeichnungen aus St. Mang keine Spur einer farbigen Einlage zeigen, muß es wohl fraglich bleiben, ob die Inkrustierung jemals ausgeführt wurde. Die Fläche ist stark abgetreten und sehr brüchig, so daß auch die Möglichkeit eines Verlustes der farbigen Einlagen durch lange Benützung in Betracht gezogen werden muß. Die teilweise stark abgelaufenen Gipsfußböden anderer Kirchen, z. B. die Helmstedter Fragmente in Braunschweig, zeigen aber, daß diese Einlagen bei Abnützung nicht ausbrechen, sondern mit dem Trägermaterial zusammen immer dünner werden und somit lange Zeit hindurch sichtbar bleiben.

Das Füssener Schmuckfußbodenfragment bildete wie jenes im Erfurter Dom, ein 3,5 bis 4 cm hervorragendes Podium, an das ein einfacher, unverzierter Estrich anschloß. Auf diesem Podium sind fünf doppelt umrandete Medaillons eingeritzt, vier in den Ecken und eines in der Mitte. Die Fläche wird von einem etwa 20 cm breiten Streifen umrandet, in den drei kleinere doppelt umrandete, von einem Ritzkreuz unterteilte Kreise eingreifen. Diese Kreise sind unterhalb und zwischen den beiden Eckmedaillons der Schmalseite des Trapezes gut sichtbar. Im nördlichen Medaillon sind als Reste einer Figur die Kontur des nimbierten Kopfes, eine langgezogene Linie der rechten Schulter und oberhalb der linken Schulter eine doppelte, leicht geschwungen hochgezogene Linie, wohl Reste eines Flügels, erkennbar. Über dem Mittelmedaillon ist ein großes lateinisches Kreuz mit verbreiterten Kreuzenden eingeritzt.

Das Kreuz weist darauf hin, daß hier ein christologisches Thema dargestellt war. Deshalb erscheint die Rekonstruktion Mertins[282], bei der die erhaltene Figur einen Engel, als Evangelistensymbol des Matthäus, darstellen soll, während in den anderen Eckmedaillons die übrigen Evangelistensymbole um die Mittelfigur des Agnus dei angeordnet waren, recht plausibel. Diese Anordnung der Kreise kann natürlich auch andere ikonographische Viergruppen um ein christologisches Symbol in der Mitte enthalten, zum Beispiel die vier Kardinaltugenden, die in Medaillons als nimbierte Halbfiguren um die Mittelfigur Christi auf dem Tragaltar des frühen 11. Jahrhunderts im Bayerischen Nationalmuseum in München erscheinen[283]. Als gekrönte Halbfiguren mit ihren Attributen sind sie um die Hand Gottes im Uta-Codex aus der ersten Hälfte des 11. Jahrhunderts, Clm 13601[284], und ungekrönt mit Attributen um das Lamm Gottes im Zwiefaltener Breviar, Mitte des 12. Jahrhunderts (Stuttgart Landesbibl. Brev. 128, fol. 10)[285] gruppiert. Dabei müssen die hochgezogenen Linien auf dem Füssener Boden nicht unbedingt von einem Flügel stammen, – sie könnten auch als Spruchband angesehen werden. So betrachtet eröffnet sich zahlreiche Möglichkeiten der Rekonstruktion wie Kirchenväter, Evangelisten usw. Der stark beschädigte Zustand dieses Fußbodens wird sichere ikonographische Schlußfolgerungen nicht mehr erlauben.

In den Auffüllschichten an der Nord- und Südwand des Ostchores wurden während der Ausgrabung weitere Fußbodenbruchstücke geborgen[286]. Die Angaben Mertins zu den Fundumständen sind sehr summarisch. Wahrscheinlich konnte die Schichtabfolge bei der Bergung dieser Fragmente nicht berücksichtigt werden, so daß jetzt eine zeitliche Differenzierung der Funde nicht mehr möglich ist. Es handelt sich um ein paar Fragmente mit kreisförmigen Ritzungen und um einige Bruchstücke, die laut Mertin in «Scagliola»-Technik ausgeführt wurden.

Bei mehreren der letztgenannten Bruchstücke (Abb. 48), einem Gipsträger mit rot-weiß inkrustierten Dreiecksmuster, sollen die weißen Dreiecke nachträglich eingesetzt worden sein[287], was unwahrscheinlich klingt. Vermutlich liegt hier die gleiche Technik vor, wie wir sie von anderen Gipsfußböden kennen, mit dem Unterschied, daß nicht nur dünne Linien, sondern auch kleine Flächen ausgeschnitten und mit angefärbtem Gips ausgegossen wurden. Gleichartige ausgefüllte Dreiecke zeigt die Umrahmung der Hildesheimer Zwickelmedaillons. Auch die schwarzen Quadrate im Schachbrettmuster des Gipsestrichs im Erfurter Dom stellen kleine Flächen dar, die jedoch in derselben Technik ausgeführt sind wie die linearen figürlichen Darstellungen.

Ein anderes Bruchstück zeigt ein palmettenartiges schwarz inkrustiertes Ornament (Abb. 50); ein nächstes ein rot und gelblich-bräunlich inkrustiertes Muster, das entfernt an ein ionisches Kapitell erinnert. Es besteht aus einem schwarzumrandeten Kreis, von dem gelbe Linien fächerförmig auseinanderstreben, die einen rot umrandeten Kreis in ihre Rundung einbetten (Abb. 52). Zu demselben Fußboden dürften auch die Fragmente mit Herzdekor (Abb. 51) und mit dem kleinteiligen Muster (Abb. 49) gehören. Weitere unter dem Chor gefundene Fußbodenfragmente haben eine Unterlage, die aus grobkörnigem Kalkmörtel besteht und deren Oberfläche mit Gips geschlämmt wurde[288]. Die Bruchstücke sind mit eingedrückten Terra sigillata- und römischen Glasscherben verziert (Abb. 53)[289]. Marmorierte Stuckplatten, die ebenfalls in den Auffüllschichten gefunden wurden, sind mit großer Wahrscheinlichkeit nicht mittelalterlich[290].

Die Zeitstellung dieser verschiedenartigen Fußbodenfragmente ist noch nicht untersucht und auch Mertin geht in seinen Manuskripten nicht näher darauf ein. Die Bruchstücke mit den römischen Scherben sind wahrscheinlich mit den geritzten und inkrustierten Fußbodenteilen nicht zeitgleich. Nicht nur die unterschiedliche Trägermasse, auch die «primitivere» Gestaltungsweise läßt an eine frühere Entstehung denken. Sie wurden 1972 in der Ausstellung der Funde aus der Kirchengrabung als Teile eines Fußbodens aus dem frühen 11. Jahrhundert vorgestellt. Diese zeitliche Einordnung ist durch die Baugeschichte des Klosters gegeben. Auch sind die Bruchstücke bedingt mit den Fußbodenfragmenten zu vergleichen, die aus der ersten Periode des Hildesheimer Domes stammen. Der vor 1046 datierte Mittel-

Abb. 47. Füssen, St. Mang, Chorpodium, 12. Jh.

Abb. 48–53. Fußbodenfragmente aus St. Mang, Füssen.

schiffestrich wies einen mittleren Musterstreifen auf, der aus roten rhombischen und rechteckigen Ziegeln bestand, die in den Estrich eingedrückt waren[291].

Für das Altarpodest und die Bruchstücke mit den Einritzungen aus Füssen weist der archäologische Befund auf eine vorgotische Zeitstellung, da über dem Podium ein gotisches Ziegelpflaster in situ lag. Stilistische Vergleiche sind bei den geringen Resten der Figur nicht möglich und auch baugeschichtlich ist über den Ostchor nichts überliefert. Mertin, der sich vor der Ausgrabung eingehend mit dem Kloster- und Kirchenbau beschäftigt hat, nimmt an, daß die Kirche mit ihrem rechteckigen Ostchor um 1000 erbaut worden ist und im 12. Jahrhundert eine Erweiterung durch Anbau eines apsidialen Westchors erfahren hat. Eine oft angegebene Weihe von 1143 ist urkundlich nicht belegt und könnte sich allenfalls auf den Westchor beziehen[292]. Das Altarpodest und die inkrustierten Bruchstücke wurden auf der Ausstellung 1972 als dem 12. Jahrhundert zugehörig vorgestellt. Diese Zeitstellung ist angesichts der übrigen, vorwiegend im späten 12. Jahrhundert entstandenen Gipsfußböden zumindest sehr wahrscheinlich. Eine engere zeitliche Einordnung der inkrustierten Ornamente bedarf jedoch einer speziellen Untersuchung, die den Rahmen dieser Arbeit sprengen würde.

Vom technischen Standpunkt her sind die Füssener Inkrustationsbruchstücke mit dem Stucksarkophag des Grafen Lothar II. aus *Walbeck* zu vergleichen[293]. Der massive, obertägig

sichtbare Sarkophag besteht aus einem Gußblock aus Estrichgips, aus dem man an den Seiten Arkaden mit Würfelkapitellen
herausgeschnitten hat. In die Sarkophagplatte sind zwei große
Alabasterplatten eingelegt, die von «einer Kante mosaikartig
verlegter gleichseitiger Dreiecke im Farbwechsel weiß–rot /
weiß–schwarz (gerahmt waren). Das weiße Dreieck blieb die
Oberfläche der Stuckmasse. Die schwarzen und roten Dreiecke
entstanden dadurch, daß 5–6 mm tief ausgeschnittene Löcher
mit der entsprechenden Farbpaste ausgefüllt und ausgeglichen
wurden»[294]. Den Rand der Platte bildete eine naturalistische
Ranke, die im Relief aus dem Gipsblock herausgearbeitet war.
Graf Lothar, der Stifter Walbecks, ist 964 gestorben; also gehört diese Platte wahrscheinlich noch dem 10. Jahrhundert an.
Wir haben hier dieselbe Technik und fast das gleiche Muster
vor uns wie auf dem Bruchstück mit Dreiecksmuster aus Füssen. Zugleich ist diese Stucksarkophagplatte wohl das älteste
bekannte Beispiel für die Anwendung der Inkrustationstechnik
in Gips auf deutschem Boden.

Diese Technik scheint sich jedoch nicht auf die Romanik zu
beschränken. Paul Gamans beschreibt 1665 die *St. Jakobskir-
che in Bamberg*, in der er einen schon stark durch nachträglich
eingefügte Grabplatten zerstörten Gipsfußboden vorfand, der
sich über den gesamten Kirchenraum erstreckte und mit zahlreichen Darstellungen geschmückt war[295]. Am besten war der
Fußboden im Westchor erhalten, wo noch eine Frau von riesi-
ger Gestalt, auf einem Thron sitzend, mit einer turmartigen
Binde auf ihrem Haupt und mit ausgebreiteten Armen, in denen sie Tafeln trug, sichtbar war. Die eine Tafel zeigte eine
Windrose, die andere eine gewaltige Quadratur. H. Mayer hat
darin die Darstellung der Weisheit oder der Philosophie[296] und
an anderer Stelle die der Sapientia mathematica[297] gesehen.
Seine ikonographische Deutung mag stimmen, aber die angegebene Zeitstellung als romanisch kann nicht zutreffen. Der Westchor, 1072 erstmals geweiht, wurde im ersten Drittel des
15. Jahrhunderts gotisch umgebaut, und nur die romanische
Westkrypta darunter blieb erhalten[298]. Das heißt zwar, daß der
Chor nicht bis auf die Grundmauern niedergerissen worden ist,
sondern nur oberhalb der Krypta Baumaßnahmen stattfanden.
Trotzdem ist es unwahrscheinlich, daß der Gipsfußboden, sollte
er romanisch sein, bei den Bauarbeiten nicht sehr gelitten und
daß der gotische Chor nicht einen neuen Fußboden erhalten
hat. Schließlich ist es auch schwer vorstellbar, daß sich ein
Gipsfußboden bei ständiger Benützung seit dem 12. Jahrhundert bis in Gamans Zeit erhalten haben soll.

Der Forschungsstand

Die Frage der Haltbarkeit dieser Fußböden ist noch nicht ab-
schließend diskutiert. In Bamberg war der Gipsfußboden wenigstens zweihundert Jahre, in Benediktbeuern etwa hundert
Jahre, in Füssen — sollte das Podest im 12. Jahrhundert entstanden sein — ebenfalls zweihundert Jahre in Benützung. Zu
den anderen Kirchen fehlen genaue stratigraphische Angaben,
die Aufschlüsse über die Benützungsdauer der Gipsfußböden
geben könnten. So ist auch die Behauptung Kiers, daß «der
Kompromiß, der zwischen den Anforderungen als stark bean-
spruchter Gebrauchsgegenstand und dem Willen zur künstleri-
schen Gestaltung geschlossen werden mußte, ... im Falle des
Schmuckfußbodens eindeutig zugunsten des letzteren ausgefal-
len» sei, zu bezweifeln[299]. Die Verbreitung der bisher bekannten Gipsfußböden zeigt, daß diese in Gegenden entstanden

sind, die reich an Gipsvorkommen sind, wieder ein rein wirt-
schaftlicher Gesichtspunkt: Ein Gipsestrich war relativ billig
und schnell herzustellen, mit einem, gemessen an den Mosaikfußböden, einfachen Verfahren, das vielleicht nicht unbedingt
die Anwesenheit von «Spezialisten» erforderte.

Im Vergleich zum Forschungsstand von 1970, als die Arbeit
Kiers erschien, haben die neu hinzugekommenen Funde eine
Ansicht revidiert: Die Gipsfußböden sind keinesfalls eine
«landschaftlich sehr begrenzte Gruppe von Fußböden rund um
den Harz»[300], sondern es zeichnet sich vorläufig eine zweite
Gruppe in Süddeutschland ab, zu der Benediktbeuern, Füssen
und Basel gehören. Eine Sonderstellung fällt Wiślica in Polen
zu. Daß diese Verbreitung von derjenigen der Gipsvorkommen
abhängig ist, läßt sich mit einiger Sicherheit annehmen; daß
aber reiche Gipslager ihrerseits zur Entstehung von Gipsfußböden geführt haben, kann man nicht behaupten.

Die Klosterkirche Tegernsee soll Ende des 11. Jahrhunderts
einen Mosaikfußboden besessen haben[301], obwohl das nahe
gelegene Gipslager von Stinkergraben reinen Gips hätte liefern
können, der für die Herstellung von Fußböden geeignet war.
Der historisch überlieferte Tegernseer Mosaikfußboden, die
Mosaikplättchen aus dem Bamberger Dom[302], das Plattenmo-
saik der Krypta des ottonischen Domes in Hildesheim vor
1035[303] und dasjenige des romanischen Chores im Halberstädter Dom nach 1179[304] zeigen, daß in Gegenden, in denen Gips
reichlich vorhanden war und Gipsfußböden bekannt sind, auch
der Mosaikfußboden verbreitet war.

Darin mag Kier recht haben, daß die Gipsfußböden «vermutlich alle in einem Zeitraum von sechzig bis siebzig Jahren (Mitte
des 12. Jahrhunderts bis Anfang des 13. Jahrhunderts) entstanden»[305]. Einschränkend muß aber auf den wahrscheinlich im
11. Jahrhundert entstandenen älteren Gipsfußboden aus Ilsenburg und auf die Grabplatten des 14. Jahrhunderts aus derselben Kirche sowie auf den Bamberger Gipsfußboden wohl des
15. Jahrhunderts hingewiesen werden, die diesen enggesteckten
zeitlichen Rahmen sprengen. Auch der Annahme Kiers, daß die
Herkunft der Technik der Inkrustation in Gips in den französischen, in Stein inkrustierten Fußböden zu suchen wäre[306], die
sie mit Beispielen aus dem 12. und 13. Jahrhundert belegt[307],
ist entgegenzuhalten, daß diese Technik schon im 10. Jahrhundert auf deutschem Boden bekannt war.

Es liegt nahe, im Rahmen der beiden Gruppen von Gipsfußböden, derjenigen im Harz und der süddeutschen, Werkstattzusammenhänge zu vermuten. Kier postuliert sie für die Harz-
gegend[308], obwohl die Fußböden stilistisch nicht so eng ver-
wandt sind. Auch im süddeutschen Raum kann vorläufig keine
Werkstattzusammengehörigkeit des Benediktbeuerer mit dem
Füssener und Basler Fußboden nachgewiesen werden. Zwischen
dem St. Mang-Kloster in Füssen und dem Kloster Benediktbeuern
bestand wahrscheinlich ein reger Kontakt, da Abt Walter aus
Füssen kam und dort im Nekrolog eingetragen ist[309]. Eine Verbindung zum Basler Raum ist vielleicht über die Schaffhause-
ner Mönche, die Benediktbeuern unter Abt Conrad (1090–1122)
der Hirsauer Reform anschlossen, hergestellt worden. Zum nie-
dersächsischen Raum lassen sich indessen für das 12. Jahrhundert in den Urkunden keine Verbindungen nachweisen[310]. So muß
es offen bleiben, ob der Anstoß zu den süddeutschen Gipsfußböden aus dem Harz kam, oder ob diese Schmucktechnik unab-
hängig voneinander angewandt wurde. Nach dem heutigen Forschungsstand kann die Verbreitung der Gipsfußböden Gruppen
oder Zentren vortäuschen, die sich im Laufe der nächsten Jahre
durch neue Entdeckungen verwischen können.

Da die meisten Gipsfußböden in Benediktinerklöstern angelegt wurden, haben allgemein die Beziehungen zwischen diesen Klostergemeinschaften sicherlich einiges zu deren Verbreitung beigetragen. Jedes Kloster war doch bemüht, seine Kirche durch Wandmalereien, Teppiche, kostbares liturgisches Gerät und auch durch einen verzierten Fußboden zu verschönern. Während aber die Wandmalereiprogramme relativ genormt waren, boten die Fußböden ein freies Entfaltungsfeld zur Schaffung origineller und neuer Programme, wie dies der Vielfalt der Fußbodendarstellungen zu entnehmen ist. Die Benediktiner konnten somit auf Fußböden nicht nur ihre Studienbeflissenheit durch komplizierte Allegorien, sondern zugleich didaktische Ideen zum Ausdruck bringen, wie dies unter anderem

auch durch das Programm des Fußbodens der Benediktbeuerer Klosterkirche illustriert wird. Kein Wunder, daß die allgemein herrschende Schmuckfreudigkeit scharfe Kritik, etwa bei Bernhard von Clairvaux, erregte, der es als pietätlos ansah, Fußböden mit heiligen Figuren zu schmücken, denen jeder Eintretende «ins Gesicht spucken konnte»[311].

So haben in den folgenden Jahrhunderten, besonders unter dem Einfluß der Zisterzienser, die schlichten, allenfalls geometrisch gemusterten Ziegelböden über die mit reichen Darstellungen belebten Fußböden gesiegt. Im Benediktbeuerer Fußboden aber hat sich, trotz seines fragmentarischen Zustandes, ein seltenes Zeugnis dieses einstigen Ausstattungsreichtums der romanischen Kirchen erhalten.

Anmerkungen

Abgekürzte Literatur

Baumann, Traditionsbuch = F.L. Baumann, Das Benediktbeurer Traditionsbuch. Archivalische Zeitschrift 20, 1914.

Boeckler, Passionale = A. Boeckler, Das Stuttgarter Passionale, Augsburg 1923.

Boeckler, Regensburg-Prüfening = A. Boeckler, Die Regensburger – Prüfeninger Buchmalerei des 12. und 13. Jahrhunderts, München 1924.

Daffner, Geschichte = F. Daffner, Geschichte des Klosters Benediktbeuren (704–1803) mit Berücksichtigung der allgemeinen Geschichte und der handschriftlichen Literatur, München 1893

Haas, Beobachtungen = W. Haas, Beobachtungen zur spätmittelalterlichen Lettneranlage und weitere Befunde an der Klosterkirche in Benediktbeuern. Kloster Benediktbeuern, Gegenwart und Geschichte, Benediktbeuern 1981.

Katzenellenbogen, Allegories = A. Katzenellenbogen, Allegories of the Virtues and Vices in Medieval Art, from early christian times to the thirteenth century. Warburg Institute Studies 10, London 1939, Reprint Liechtenstein 1968.

Kier, Schmuckfußboden = H. Kier, Der mittelalterliche Schmuckfußboden, unter besonderer Berücksichtigung des Rheinlandes. Kunstdenkmäler des Rheinlandes, Beiheft 14, Düsseldorf 1970.

Klemm, rom. Hss. = E. Klemm, Die romanischen Handschriften der Bayerischen Staatsbibliothek. I – Die Bistümer Regensburg, Passau und Salzburg, München 1980.

Löffler, Schwäb. Buchmalerei = K. Löffler, Schwäbische Buchmalerei in romanischer Zeit, Augsburg 1928.

Meichelbeck, Chronicon = K. Meichelbeck, Chronicon Benedictoburanum, 1753, Teil 1.

Mindera u. Weber, Schmuckfußboden = K. Mindera und Leo Weber, Der mittelalterliche Schmuckfußboden des Benediktmünsters von Benediktbeuern. Basilica Benedictoburana, Benediktbeuern 1973.

Mon. Boica = Monumenta Boica VII, München 1766.

Mon.Germ.Hist.,Script.IX = W. Wattenbach, Monumenta Germaniae Historica, Scriptorum IX, Hannover 1891.

Ruf, Bibliothekskat. = P. Ruf, Mittelalterliche Bibliothekskataloge Deutschlands und der Schweiz III, Bistum Augsburg, München 1932.

Sage, Testgrabungen = W. Sage, Testgrabungen von 1970 im Benediktusmünster zu Benediktbeuern. Kloster Benediktbeuern, Gegenwart und Geschichte, Benediktbeuern 1981.

Stud. Mitt. BO. = Studien und Mitteilungen des Benediktinerordens

Swarzenski, Regensburg = G. Swarzenski, Die Regensburger Buchmalerei des X. und XI. Jahrhunderts, Leipzig 1901.

Swarzenski, Salzburg = G. Swarzenski, Die Salzburger Malerei von den ersten Anfängen bis zur Blütezeit des romanischen Stils, Leipzig 1913.

Thadden, Caritas = M. von Thadden, Die Ikonographie der Caritas in der Kunst des Mittelalters. Diss. masch. Bonn 1951.

Weissthanner, Schäftlarn = A. Weissthanner, Die Traditionen des Klosters Schäftlarn 760–1305. Quellen und Erörterungen zur Bayerischen Geschichte NF X, München 1953.

1 K. Mindera u. L. Weber, Die Erhebung des Benediktusmünsters von Benediktbeuern zur Päpstlichen Basilika minor. Basilica Benedictoburana, Benediktbeuern 1973, 2. – R. Bauerreiß, Bonifatius und das Bistum Staffelsee. Stud. Mitt. B0. 57, 1939, 1–11, tritt für eine Klosterweihe durch Bonifatius 739 oder 740 ein. – F. Renner, Bonifatius und der Benediktbeurer Klosterverband. Stud. Mitt. B0. 76, 1965, 118ff. meint, das Kloster sei 739/40 zwar durch Bonifatius gegründet, aber nicht von ihm geweiht worden. – F. Prinz, Frühes Mönchstum im Frankenreich, München, Wien 1965, 366–369, datiert die Klostergründung erst um 748.

2 T. v. Bogyay, Karolingisches aus Benediktbeuern. Beiträge zur Kunstgeschichte und Archäologie des Frühmittelalters, Akten zum VII. Kongreß für Frühmittelalterforschung, 21–28 Sept. 1958, Köln 1962, 239ff. – H. Dannheimer, Steinmetzarbeiten der Karolingerzeit. Neufunde aus altbayerischen Klöstern 1953–1979. Ausstellungskat. der Prähist. Staatsslg. München, 1980, 39–42. – R. Bauerreiß, Über angebliche Bücher und Reliquienschenkungen Karl des Großen an Benediktbeuern. Stud. Mitt. B0. 57, 1939, 151ff. – P. Ruf, Kisyla von Kochel und ihre angeblichen Schenkungen. Stud. Mitt. B0, 47, 1929, 461ff. – B. Bischof, Die süddeutschen Schreibschulen und Bibliotheken der Karolingerzeit, Leipzig 1940, 22f.

3 Mon. Germ. Hist., Script. IX, 210–237.

4 O. Holder-Egger, Aus Münchner Handschriften. Neues Archiv der Ges. für ältere dt. Geschichtskunde XIII, 1888, 564—570.

5 Meichelbeck, Chronicon, 96.

6 Baumann, Traditionsbuch, 21, 28, 65. – Weissthanner, Schäftlarn, 159f., 167.

7 Meichelbeck, Chronicon, 119. – Mon. Germ. Hist., Script. IX, 237.

8 Meichelbeck, Chronicon, 132.

9 Mindera u. Weber (wie Anm. 1), 4.

10 L. Weber, Benediktbeuern, Kloster und Päpstliche Basilika St. Benedikt. Schnell-Kunstführer 34[6], München 1980, 6.

11 Haas, Beobachtungen, 131, 149f.

12 Sage, Testgrabungen, 111f.

13 Mindera u. Weber, Schmuckfußboden, 10ff.

14 Haas, Beobachtungen, 131ff. – Sage, Testgrabungen, 111f.

15 Mindera u. Weber, Schmuckfußboden, 9.

16 Ebenda, 16.

17 Eine Entzerrung dieser Aufnahmen mit Hilfe des photogrammetrischen Verfahrens scheiterte daran, daß die Meßstäbe auf den Photographien fehlen.

18 Dieser Bereich in der Zeichnung, Abb. 2, durch Punkt-Strich-Linie markiert.

19 Mindera u. Weber, Schmuckfußboden, 16.

20 Ebenda, Abb. 7.

21 Ebenda, 9.

22 Haas, Beobachtungen, 128, 149f.

23 Haas, Beobachtungen, 149 nennt ihn «Stuckfußboden».

24 Sage, Testgrabungen, 115, Planum 1, 1.

25 Ebenda, 118, Ostprofil 14.

26 Haas, Beobachtungen, 149. – Kier, Schmuckfußboden, 50f. nimmt an, daß die Linien in den schon erhärteten Gipsestrich eingeschnitten wurden.

27 Zitiert wie oben aus dem Untersuchungsbericht vom 26. Aug. 1970 von Dr. J. Riederer, Doerner – Institut, München.

28 Freundliche Mitteilung von Dr. Sage. – Die Einkerbungen des Gipsfußbodens aus Helmstedt sind ebenfalls etwa 5 mm tief, mit leicht schräger Wandung, und scheinen eher geschnitten als in den weichen Gips eingeritzt zu sein. Der Füssener Fußboden hat sowohl im Querschnitt quadratische als auch V-förmige Ritzen (eigene Beobachtungen an den Originalen). Leider ist von den anderen mittelalterlichen Gipsfußböden über deren Technik nichts weiteres bekannt.

29 Der Höhenbezugspunkt ist die Ostkante der obersten Chorstufe, etwa in der Mittelachse der Kirche. – Sage, Testgrabungen, 112. – Werte nach Haas, Beobachtungen, 149.

30 Sage, Testgrabungen, 122, Westprofil 9.

31 Sage, Testgrabungen, 120, Ostprofil 3, Westprofil 1.

32 Haas, Beobachtungen, 150.

33 Geologica Bavarica 77, 1978, 144–146.

34 Darauf weisen auch Mindera u. Weber, Schmuckfußboden, 14.

35 Die freundlichen Mitteilungen zu den Gipsvorkommen im Alpenvorland verdanke ich Dr. Stefan vom Bayerischen Geologischen Landesamt, München.

36 Zitiert nach Daffner, Geschichte, 346.

37 Zitiert nach Daffner, Geschichte, 347.

38. «Auf einem der mehreren landtfürstlichen brieff wegen Gips von Joch ist absonderlich zumercken derjenige Herzog Wilhelm de a o 1622. 7. Martii, da sich derselbe gdgst bedancket, daß Abt Joannes zu erbauung der Kirchen Sti: Caroli Borromaei in der Au 20. Gefäß (= Fässer) Gips samt. 20: Flössen Holz loco Elemosinae contribuieret hat.» Nach Daffner, Geschichte, 347.

39 Zugrunde liegt die Beschreibung von Haas, Beobachtungen, 150. – Mindera u. Weber, Schmuckfußboden, 14 geben Rot für die Linien und Schwarz für die Inschrift an.

40 Sage, Testgrabungen, 123.

41 Die Lesung aller Fußbodeninschriften erfolgte durch Dr. Kloos, Staatsarchiv München, dem ich auch für die freundlichen Hinweise zu den Buchstabenformen und deren Datierung danken möchte.

42 J. Braun, Tracht und Attribute der Heiligen in der deutschen Kunst, Stuttgart 1943, 792f. Beispiele von Skapularen bei Löffler, Schwäb. Buchmalerei, Taf. 14, 15, 25 u.a.

43 Vgl. dazu RDK II, Sp. 792.

44 Siehe S. 11.

45 Siehe S. 8.

46 Vgl. dazu RDK II, Sp. 774ff. – J. Braun, Die liturgische Gewandung im Occident und Orient nach Ursprung und Entwicklung, Verwendung und Symbolik, Freiburg 1907, passim.

47 Mindera u. Weber, Schmuckfußboden, 16.

48 Siehe S. 8.

49 Die letzten Wörter der erhaltenen Texte eignen sich dazu. Freundliche Mitteilung von Dr. G. Bernt, Universität München.

50 Die Formel «omnibus omnia» kommt im 1. Korintherbrief 9, 22 vor und wird in Hexametern gern verwendet. Vgl. dazu O. Schumann, Lateinisches Hexameter – Lexikon IV, München 1981, 44f.

51 Freundlicher Hinweis von Dr. Kloos, Staatsarchiv München.

52 Die erhobenen Hände könnten auch nur ein Aufmerksamkeitsgestus sein, wie er in der byzantinischen Kunst üblich ist. Beispiele bei O. Demus, Corpus der byzantinischen Miniaturenhandschriften. Oxford Bodleian Library I, Stuttgart 1977, Abb. 163, 167, 168; 47f.

53 «Cuius conditores et cultores primi fuerunt tres fratres, viri clarissimi, Lantfrid, Waldram, Ellilant, tam virtutum quam divitiarum dignitate inclyti Primates Regni, et predicti Regis Consobrini». Mon. Boica VII, 18.

54 Bauerreiß 1–11. (wie Anm. 1).

55 «Tunc namque tempore Ecclesia S. Bened. erat plumbeis tegulis tecta ...» Mon. Boica VII, 7.

56 «Landfridus – literarum scientia et morum elegantia». Mon. Boica VII, 20.

57 Zu den Daten über die Stifter vgl. J. v. Hefner, Leistungen des Klosters Benediktbeuren für Wissenschaft und Kunst. Oberbayerisches Archiv f. väterl. Gesch. 3, 1841, 337 – 341. – Meichelbeck, Chronicon, 15–25.

58 Ruf (wie Anm. 2) 461–476.

59 «Atque idem Puronensem locum augebat libris illuc traditis Novi ac Veteris Testamenti, quos per Capellanum suum corrigit, & caro suo misit Elylando Abbate, regulamque S. Benedicti Patris de ipso Codice, quem ipse suis sanctis manibus exaravit, transcriptam direxit cum S. reliquiis ejus, brachio scilicet ipsius, privilegia Monachis dedit. ... Libri, quos ad altare S. Bend. dedit, sunt due Omelia, una de adventum Domini usque in Pascha, & altera in adventum Domini de Pascha, in quibus jussit scribi sermones diversorum Patrum, Diaconoque suo praecepit emendare eas, ne Eccl. S. Bened. mentiri in aliquo videretur a quibusdam loco.» Mon. Boica VII, 7. – «Ante omnia invictissimus pie memorie Karolus Elilandum patrem speciali familiaritatis complexu ascivit, & decorem domus Dei dilexit, protexit & auxit; concedens ei & ipse libertatis privilegium regia imagine insignitum, regulamque sancti Bened. a primo exemplari per semetipsum exarato transcriptam cum sacrosanctis eiusdem reliquiis, desiderabili & impreciabili thesauro, ipsius videlicet brachio, nec non & duo insignia Omeliarum volumina, que quanta confecerit diligentia, nec dum vetustate abolita, patefaciunt vestigia.» Mon. Boica VII, 25.

60. Meichelbeck, Chronicon, 22, bildet das Siegel ab.

61. Bauerreiß (wie Anm. 2) 151ff.

62. Mon. Boica VII, 7, 25, vgl. Anm. 59.

63. Ruf, Bibliothekskat., 73.

64 B. Bischoff, Die südostdeutschen Schreibschulen der Karolingerzeit, Teil II, 1980, 200.

65 Ruf, Bibliothekskat., 76. Hier auch noch «Item due omelie de collectorio excarpsato per anni circulum» genannt.

66 Mon. boica VII, 7, vgl. Anm. 59.

67 E.F. Bange, Eine bayerische Malerschule des XI. und XII. Jahrhunderts, München 1923, 101 mit Beispielen.

68 Swarzenski, Regensburg, 185, geht auf dieses Problem näher ein.

69 Bange (wie Anm. 67) Taf. 34/35, Abb. 93; Taf. 36, Abb. 95 u. 96; Taf. 37, Abb. 97 u. 98.

70 Swarzenski, Regensburg, 178ff., Taf. 34, Abb. 94 u. 95.

71 A. Schröder, Die ältesten Heiligenkalendarien des Bistums Augsburg, Archiv für Gesch. d. Hochstifts Augsburg I, Dillingen 1910, 255–257.

72 Mon. Boica VII, 18, vgl. Anm. 53

73 Baumann, Traditionsbuch, 13, Nr. 14.

74 Meichelbeck, Chronicon, 122f.

75 Ebenda, 132.

76 Ebenda, 25.

77 P.A. Zimmermann, Kalendarium Benedictinum. Die Heiligen und Seligen des Benediktinerordens und seiner Zweige, II, Metten 1933–1938, 427.

78 F. Arens, Bonifatiusdarstellungen am Mittelrhein. Sankt Bonifatius zum 1200. Todestag, Fulda 1954, 588.

79 D. Westhoff, St. Bonifatius in der bildenden Kunst. Jahrb. des Bonifatius-Ver., 1939, 49f.

80 Ebenda, 39.

81 Ebenda, 30f.

82 Arens (wie Anm. 78) 589f.

83 Lexikon der christlichen Ikonographie. Ikonographie der Heiligen V, 1973, 429f.

84 Nach dem Lexikon f. Theologie u. Kirche II, 1958, 142, könnte Bonifatius auch als «Confessor» bezeichnet werden, mit Anspielung auf seine Missionstätigkeit oder auf seine Bemühungen die Benediktinerregel gegenüber der Mischregel durchzusetzen.

85 Holder-Egger (wie Anm. 4) 569.

86 Ebenda, 565.

87 Schröder (wie Anm. 71) 285.

88 P. Metz, Das goldene Evangelienbuch von Echternach im Germanischen Nationalmuseum zu Nürnberg, München 1964, 74, Taf. 89, 90.

89 Boeckler, Regensburg – Prüfening, 25f., Taf. 12, Abb. 16.

90 O. Demus, Die Mosaiken von San Marco in Venedig, Baden 1935, 25. – P. Toesca, Die Mosaiken von San Marco, 1957, 15.

91 H. v. Gabelentz, Mittelalterliche Plastik in Venedig, Leipzig 1903, 185f.

92 A.C. Kisa, Die gravierten Metallschüsseln des XII. und XIII. Jahrhunderts. Zeitschr. f. chr. Kunst 18, 1905, 229f.

93 A. Ebert, Allgemeine Geschichte der Literatur des Mittelalters im Abendlande, I, Leipzig 1877, 613.

94 RDK III, Sp. 344ff.

95 Thadden, Caritas, 57f.

96 Ebenda, 54. – RDK III, Sp. 1253.

97 Thadden, Caritas, 54.

98 Ebenda, 58f.

99 Ebenda, 53.

100 Ebenda, 62ff. zusammengefaßt im Katalog 214.

101 Ebenda, 88.

102 A. Michel, Histoire de l'Art II, 1, Paris 1906, 303f. Abb. 229. – Thadden, Caritas, 47f., 86f.

103 Boeckler, Regensburg – Prüfening, 26. – Thadden, Caritas, 88f.

104 Humilitas-Schale, Brüssel, Musée Cinquantaire, hält in der Rechten eine Pflanze. J. Weitzmann-Fiedler, Romanische Bronzeschalen mit mythologischen Darstellungen. Zeitschr. f. Kunstwiss. 11, 1957, 20, Abb. 19. – Humilitas-Schale, München Bayer. Nat. Mus., mit Nimbus und Büchern. Ebenda, Abb. 21; Kisa (wie Anm. 92) 232. – Hansaschüssel, Lund, Univ., mit zwei Büchern. Ebenda, 234. – Hansaschüssel, Budapest, mit Nimbus. Ebenda, 234.

105 Boeckler, Regensburg – Prüfening, 26.

106 Kultur und Kunst im Weserraum, II, Corvey 1966, Kat.Nr. 187, 498f. Abb. 182.

107 P. Toesca. Storia dell'arte italiana. II, Il medioevo, Torino 1965, Abb. 672.

108 A. Goldschmidt, Der Albanipsalter in Hildesheim und seine Beziehung zur symbolischen Kirchenskulptur des XII. Jahrhunderts, Berlin 1895, 115, Abb. 32; 133, Abb. 41.

109 Boeckler, Regensburg – Prüfening, 52, Abb. 64.

110 J. Garber, Die romanischen Wandgemälde Tirols, Wien 1928, 99f., Abb. 71.

111. Eine solche karierte Mütze tragen auch vornehme Laien, so der Vater der Hl. Barbara im Stuttgarter Passionale. – Boeckler, Passionale, 40, Abb. 19. Boeckler meint dazu: «Diese Form mag eine lokale Besonderheit sein: das Tragen runder Mützen bei vornehmen Leuten ist saec. 11/12 häufig (vgl. Grabmal des Rudolf von Schwaben oder Vater des Marcialis in Stuttgart, Landesbibliothek H.B.XIV. 6 fol. 71, oder Fridericus dux in Fulda D. 11 usw.),» – diese Mützen haben jedoch keine knopfartige Bekrönung.

112 Migne PL 75, Sp. 524.

113 H. Wölfflin, Die Bamberger Apokalypse, München 1921, 33f., Taf. 52.

114 Katzenellenbogen, Allegories, 57.

115 Romanische Kunst in Österreich², Krems a.d. Donau 1964, Kat. Nr. 126, 178ff, Abb. 27, – mit weiterer Literatur.

116 Isidor, Sententiarum lib. II, cap. 37 – De pugna virtutibus adversus vitia. Migne PL 83, Sp. 638, stellt folgende Tugend- und Lasterpaare auf: luxuria – munditia, libido – abstinentia, ira – tolerantia, tristitia – gaudium, invidia – caritas, superbia – humilitas, avaritia – largitas, accidia – fortitudo, odium – dilectio.

117 «Quomodo radix omnium malorum cupiditas, sic radix omnium bonorum caritas», zitiert nach Thadden, Caritas, 17.

118 Die Beschreibung folgt Boeckler, Regensburg – Prüfening, 25f. Hier auch alle Beischriften wiedergegeben.

119 Ruf, Bibliothekskat., 75.

120 Ebenda, 76.

121 A. Wengenmayr, Die Darstellung der Geschichte und Gestalt des ägyptischen Joseph in der bildenden Kunst, Diss. masch. München 1952, 10ff. – H. Gerstinger, Die Wiener Genesis, Wien 1931, Faksimilebd. 2, Taf. 43.

122 B. Rackham, The Ancient Glass of Canterbury Cathedral, London 1949, 56f., Taf. 13 b.

123 Gerstinger (wie Anm. 121) Textband, Taf. 18.

124 Ebenda, Taf. 20.

125 Thadden, Caritas, 24.

126 So wird Abraham auf der Schriftrolle in seiner Hand, auf dem Fresko im Lambacher Westchor (11. Jh.) bezeichnet. – A. Wibiral, Die Arbeiten im alten Westchor von Lambach, Kunstchronik 5, 1966, 121.

127 Löffler, Schwäb. Buchmalerei, 67, Taf. 40.

128 Ebenda, 78, Taf. 46.

129 Lexikon der christlichen Ikonographie I, 1968, Sp. 177–178.

130 K. Künstle, Ikonographie der christlichen Kunst, I, Freiburg 1926–1928, 401.

131 Metz, (wie Anm. 88) 63, gibt die lateinischen Beischriften, die auf der Abbildung kaum lesbar sind, nicht wieder, sondern nur deren Übersetzung.

132 Gregor der Große geht hier auf Vorstellungen ein, die schon Origines im Comment. in Matth. XV, 31ff. (Migne PG 13, Sp. 1347 bes.) geprägt hat und auch von Augustinus übernommen wurden. – F. Piper, Das menschliche Leben, die Weltalter und die dreifache Erscheinung Christi. Sculpturen am Baptisterium zu Parma. Evangelisches Jahrb. 1866, 64f.

133 Gregor, In Evangelia lib. I, Homil. XIX, 2 – Migne PL 76, Sp. 1155.

134 M.G. Zimmermann, Oberitalienische Plastik, 1897, 125f., Abb. 41 b.

135 «Est et in vita simile aliquid, et exepta illa solutione similitudinis hujus, qua intelliguntur prima hora vocati *Abel* et ipsius saeculi justi, tertia *Abraham* et ipsius saeculi justi, sexta *Moyses et Aaron* et ipsius saeculi justi, nona *Prophetae* et ipsius saeculi justi, undecima tanquam in fine saeculi Christiani ones» – Migne PL 38, Sp. 533. – Hinweis von P. d'Ancona, L'uomo a le sue opere nelle figurazioni del medio evo, Florenz 1933, 20, Anm. 2.

136 Augustinus, De genesis contra Manich I, 23 – Migne PL 34 Sp. 190ff., hat folgende Aufstellung der Lebens- und Weltalter: Die infantia – 1. Schöpfungstag – Alter von Adam bis Noah; pueritia – 2. Schöpfungstag – Noah bis Abraham; adolescentia – 3. Schöpfungstag – Abraham bis David; iuventutis – 4. Schöpfungstag – David bis Babilonisches Exil; senioris aetas – 5. Schöpfungstag – Babilonisches Exil bis Geburt Christi; senectus – 7. Schöpfungstag – Christus. – Dazu auch E. v. Dobschütz, Coislinianus 296. Byz. Zeitschr. 12, 1903, 563f. – Eine andere Einteilung der Lebensalter durch Augustin im De div. quaest. lib. 1, 58 in: infantia – pueritia – adolescentia – iuventus – gravitas – senectus gibt F. Boll, Die Lebensalter. Neue Jahrb. f. das klass. Altertum, Gesch. u. dtsch. Lit. 16, 1913, I, Heft 2, 107f.

137 Augustin, De civitate dei 22, 30. – Migne PL 34, Sp. 804.

138 Ruf, Bibliothekskat., 75.

139 Ruf, Bibliothekskat., 76. – Isidor, Migne PL 82, Sp. 224–228.

140 Eine Deutung als Illustration des Gleichnisses der bösen Winzer, die formal eventuell in Frage käme, ist angesichts des stark narrativen Charakters dieser Parabel, der auch in den wenigen Beispielen aus der bildenden Kunst (aufgezählt in Lexikon der christlichen Ikonographie IV, 1972, Sp. 533f., dazu noch ein Tragaltar aus Stavelot, um 1150/1160 im Mus. Naz. Florenz – Kat. Zeit der Staufer, Stuttgart 1977, Nr. 545, Abb. 338 u. 339) betont wird, wahrscheinlich auszuschließen.

141 Mindera u. Weber, Schmuckfußboden, 16.

142 Vgl. Anm. 135, 136. In der byzantinischen Ikonographie steht für die erste Stunde Enoch und Noah, für die dritte Abraham, Isaak und Jakob, für die sechste Moses und Aaron, für die neunte die Propheten und die elfte die Apostel – L. Reau, Iconographie de l'art chrétien II, 2, Paris 1957, 347.

143 Eine Verbindung zwischen Lebensalterdarstellungen und Repräsentanten der Weltalter zeigen die Glasfenster im nördlichen Chorumgang der Kathedrale in Canterbury, – hier steht Christus für das letzte Weltalter. Ein weiterer Bezug zu den sechs Wasserkrügen der Hochzeit zu Kanaa soll die Umwandlung der Laster (Wasser) in Tugenden (Wein) durch Christus symbolisieren – Rackham, (wie Anm. 122) 63f. Im Cod. 2739, Hofbibl. Wien, auf fol. 4', 10', 11' u. 12' sind die Repräsentanten der Weltalter mit einer «Uhr», die die Stunde des Gleichnisses anzeigt und einem Medaillon mit dem Brustbild eines Mannes im passenden Lebensalter dargestellt. – H.J. Hermann, Die deutschen romanischen Handschriften.

Beschr. Verzeichnis d. illum. Hss. in Österreich, Leipzig 1926, 249ff., Abb. 143, 144. Die Handschrift ist nicht vollständig erhalten, doch scheinen hier die fünf Momente des Gleichnisses nur mit fünf Lebens- und Weltaltern kombiniert zu sein, mit Repräsentanten die Gregors In evangelia lib. I, Homil. XIX, 1 – Migne PL 76, Sp. 1154 – entsprechen.

144 Piper (wie Anm. 132) 62.

145 RDK II, Sp. 1037f. – Kleiner Pauly I, Sp. 930.

146 F. Piper, Mythologie der christlichen Kunst, Weimar 1851, 443–450 u. 437–440 mit zahlreichen Beispielen und Quellenangaben.

147 Zum Beispiel – Clm 210, karolingisch, Vatikan Cod. Reg. 1263 fol. 78, 10.–11. Jh. – H. Fegers, Die Bilder im «Scivas» der Hildegard von Bingen. Das Werk des Küntlers I, 1939–1940, Abb. 5, 6; Psalter, Florenz Bibl. Med. Laur. Cod. Plut. 17.3, fol. 1, 11. Jh. – P. d'Ancona, Miniatura fiorentina I, Florenz 1914, Taf. II.; Cod. 12600 Hofbibl. Wien, fol. 29, Ende 12. Jh. – Hermann, (wie Anm. 143) Abb. 37; Linz, Studienbibl. Cod. 490, fol. 3', Mitte 13. Jh. – Zeit der Staufer (wie Anm. 140), Abb. 539; weitere Beispiele bei Piper (wie Anm. 146), 462–464.

148 Zahlreiche Beispiele bei Piper (wie Anm. 146) 464–473; außerdem: Liber pontificalis, Reims Stadtbibl., um 1200. – RDK I, Sp. 1025; Decke von Zillis, 12. Jh. – A. Reinle, Kunstgeschichte der Schweiz I, 1968², 523.

149 E.S. Greenhill, Die geistigen Voraussetzungen der Bilderreihe des Speculum Virginum, Münster 1962, 59–70, mit Quellenuntersuchung.

150 Siehe S. 23.

151 Siehe S. 9.

152 Katzenellenbogen, Allegories, 31f.

153 Ebenda, Abb. 32.

154 A. Didron, Iconographie des quatre Vertus Cardinales, Ann. Archéol. 20, 1860, 40–56, 65–79.

155 Zum Beispiel: Uta-Evangeliar aus St. Emmeram, Clm 13601, fol. 1, 1. H. 11. Jh. – Swarzenski, Regensburg, 91f., Taf. 12, 28; Tragaltar, München Bayer. Nat. Mus., Anf. 11 Jh. – Katzenellenbogen, Allegories, Abb. 49; Arnsteinbibel, London Brit. Mus. Harley Mss. 2799, fol. 57', Ende 12. Jh. – G. Warner, Illuminated Manuscripts in the British Museum III, London 1901, o. Taf. Nr.

156 Zum Beispiel: Lektionar des Erzbischofs Friedrich von Köln, um 1130, Köln, Dom. – Katzenellenbogen, Allegories, Abb. 33; Mystische Paradiesdarstellungen, Breviar aus Zwiefalten, fol. 10, 12. Jh, Stuttgart Landesbibl. Brev. 128. – Löffler, Schwäb. Buchmalerei, 35ff., Taf. 20.

157 Katzenellenbogen, Allegories, 27–74.

158 Thadden, Caritas, 40.

159 Kier, Schmuckfußboden, 54.

160 E. Aus'm Weerth, Der Mosaikfußboden von St. Gereon zu Köln, Bonn 1873, 14f., Taf. 4, datiert ihn in die 2. H. 11. Jh.; Kier, Schmuckfußboden, Abb. 368, datiert ihn in die 1. H. 12. Jh.

161 Kier, Schmuckfußboden, Abb. 383.

162 H. Stern (Hrsg.), Recueil général des mosaiques de la Gaule II, 1 – Province de Lyonnaise, Lyon, Paris 1967, 124ff., Taf. 94.

163 Kier, Schmuckfußboden, 76, mit Beispielen.

164 Ebenda, Abb. 386; M. Degani, I mosaici romanici di Reggio Emilia, Reggio Emilia 1961, 33ff., Taf. 1, Taf. 24–30.

165 Zwiefaltener Martyrologium, um 1147, Stuttgart Landesbibl. Cod. fol. 415. – Löffler, Schwäb. Buchmalerei, Taf. 22, 24, 29.

166 Kier, Schmuckfußboden, Abb. 432, Angaben zur Hs. – Anm. 165.

167 Kier, Schmuckfußboden, 54–76, hier tabellarisch zusammengefaßt. Dazu meint H. Stern, Notes sur les mosaiques de pavement médievales en France. Atti del ottavo congresso di studi sull'arte dell'alto medioevo, Milano 1962, 279f.: «Les sujets représentés sont insuffisamment étudiés, mais semblent, à première vue, former quelques groupes principaux: décors exclusivement végétaux et géométriques (Verdun, deux paviments de Reims), décors fantastique ou des animaux fabuleux se mêlent aux ornements, décors à sujets profanes ou mythologiques. Le représentations des signes du zodiaque et des mois, des Sept Arts libéraux, les quatre Eléments, des Vertus et des Vices forment la transition aux images religieuses. Parmi ceux-ci le choix fait est très net: on ne présente que des épisodes de l'Ancien Testament, les sujets évangeliques

étant rigoureusement exclus. Sans aucun doute une sorte d'interdit de l'Eglise en a fait rejeter la représentation sur le sol comme à l'époque paléochrétienne.»

168 Stern, Recueil général des mosaignes de la Gaule I, 1 – Province de Belgique. Partie ouest, Paris 1957, 91ff. Taf. 46.

169 Aus'm Weerth (wie Anm. 160) 19f. Taf. 7.

170 Kier, Schmuckfußboden, Abb. 397.

171 Ebenda, Abb. 147.

172 Ebenda, Abb. 399.

173 Ebenda, Abb. 400.

174 Ebenda, 53f.

175 Ebenda, Abb. 402.

176 Ebenda, Abb. 149; weitere Beispiele 75.

177 Ebenda, Abb. 145.

177a Ebenda, 129f. — Vgl. weiter unten S. 39

178 Kier, Schmuckfußboden, 72–75.

179 Ebenda, Abb. 372.

180 Boeckler, Passionale, 16–21.

181 Ebenda, 77.

182 Ebenda, 16ff.

183 Swarzenski, Salzburg, 148ff., Taf. 133, Abb. 447–450.

184 Die Benediktbeuerer Handschriften sind noch in Bearbeitung. Für die Abbildung und die Datierung der Handschrift möchte ich Dr. E. Klemm, Staatsbibliothek München, Handschriftenabteilung, herzlich danken.

185 Freundliche Mitteilung Dr. E. Klemm.

186 Luitpoldgruppe der Salzburger Malerschule – Swarzenski, Salzburg, 93ff.; aus der Regensburger-Prüfeninger Schule: Laudes S. Crucis, 1160–1170, Clm 23339. – Klemm, rom. Hss. Kat. Nr. 35; Glossar, 1158–1165, Clm 13002. Ebenda, Kat. Nr. 87.

187 Psalter aus Windberg, Clm 23093. – Ebenda, Kat. Nr. 190. Evangelistar aus Windberg, um 1180, Clm 23339 – Ebenda, Kat. Nr. 206; Breviar aus Michaelbeuren, salzburgisch, 1175–1180, Clm 8271 – Ebenda, Kat. Nr. 275; Gumpertsbibel, salzburgisch, vor 1195, Erlangen Universitätsbibl. Cod. 121. – Swarzenski, Salzburg, 129ff. Taf. 34–59; Graduale, Salzburger Stiftsbibl. – Wie Anm. 183.

188 Orationale von St. Erentrud, um 1200, Clm 15902. – Klemm, rom. Hss. Kat. nr. 274; Psalter für die Diozöse Augsburg, 1220–1230, Harburg, Fürstl. Oettingen-Wallerstein'sche Bibl. u. Kunstmlg. Cod. I, 2, 4, 19,f. – Zeit der Staufer (wie Anm. 140) Kat. Nr. 733.

189 Die von Boeckler, Passionale, 32f. postulierte Hirsauer Malerschule, deren Hauptwerk das Stuttgarter Passionale ist, könnte auch Benediktbeuern beeinflußt haben, besonders angesichts der Tatsache, daß Benediktbeuern an die Hirsauer Reform angeschlossen war. Zu Hirsau meint Boeckler, 34: «Nur für das beschränkte Gebiet des heutigen Württembergs, Baden und Bayern kann man die Frage entscheiden. Hier stehen das Passionale und die darum gruppierten Miniaturen als geschlossene Einheit einer ganzen Anzahl andersartiger Malereien gegenüber ... Man wird sich also daran gewöhnen müssen, von einer Hirsauer Malkunst in demselben weiteren Sinne zu sprechen wie von einer Hirsauer Baukunst.»

190 Suevia Sacra, Frühe Kunst in Schwaben. Ausstellungskat., Augsburg 1973, 150f. Abb. 122.

190a Löffler, Schwäb. Buchmalerei 78ff., Taf. 46.

191 Nach Löffler, Schwäb. Buchmalerei, 40–57, um die Mitte des 12. Jh.; nach Boeckler, Passionale, 29f. hat das Passionale als Vorlage für das Martyrologium gedient. Letzteres kann dann nur nach 1162 entstanden sein. – Die Initialen abgebildet bei Löffler, Romanische Zierbuchstaben und ihre Vorläufer, Stuttgart 1927, Taf. 39.

192 Ebenda, Taf. 38.

193 Boeckler, Regensburg – Prüfening, Taf. 110, Abb. 168; Klemm, rom. Hss. Kat. Nr. 96, Abb. 178–181.

194 Zum Beispiel: Handschr. aus Helmarshausen, spätes 12. Jh. – Kunst Weserraum II (wie Anm. 106) Abb. 192 b, 193 a.b.; Franz. Handschr. um 1164, Paris bibl. Nat. franc. 11575. – P. d'Ancona u. E. Aeschlimann, Dictionnaire des miniaturistes du moyen âge et de la Renaissance, Milano 1949², Taf. 26.

195 Zeit der Staufer (wie Anm. 140), Kat. Nr. 746, Abb. 538.

196 P. von Baldass, Kl. Buchowiecki u. W. Mrazek, Romanische Kunst in Österreich, Wien 1962, Abb. 66.

197 Suevia Sacra (wie Anm. 190) Kat. Nr. 189, Abb. 178.

198 Swarzenski, Salzburg, 129ff. Taf. 34–59.
199 Klemm, rom. Hss. Kat. Nr. 274, Abb. 622–636.
200 Braun (wie Anm. 46) 464ff.
201 Klemm, rom. Hss. Kat. Nr. 280: Clm 15812, Salzburg, 1147–1164. Taf. 653, 654; Kat. Nr. 286: Clm 15813, Salzburg, Mitte 12. Jh., Taf. 652; Kat. Nr. 272: Clm 15903, Salzburg, 1150, Taf. 599; Kat. Nr. 87: Clm 13002, Prüfening, 1158–1165, Taf. 164. Kat. Nr. 89: Clm 13031, Prüfening, 1160–1165, Taf. III. Kat. Nr. 187: Clm 22258, Bayern, um 1165, Taf. 416. Kat. Nr. 165: Clm 22248, Windberg, nach 1167, Taf. 354. Kat. Nr. 103: Clm 13004, Salzburg, um 1170–1180, Taf. 202. Kat. Nr. 206: Clm 16002, Passau, 1170–1180, Taf. 481. Kat. Nr. 275: Clm 8271, Michaelberg, 1175–1180, Taf. 618. Kat. Nr. 166: Clm 22220, Windberg, 3. Drittel 12. Jh., Taf. 357. Kat. Nr. 169–170: Clm 22241/42, Windberg, vor 1191, Taf. 371, 373. Kat. Nr. 251: Clm 2573, Aldersbach, spätes 12. Jh., Taf. 562. Kat. Nr. 259: Clm 2582, Aldersbach, Ende 12. Jh., Taf. 581. Kat. Nr. 290: Clm 5251, Herrenchiemsee, 1200, Taf. 684. Kat. Nr. 123: Clm 9536, Oberaltaich, 1200, Taf. 270. Kat. Nr. 125: Clm 9505, Oberaltaich, Anf. 13. Jh., Taf. 274.
202 Klemm, rom. Hss. Kat. Nr. 159: Clm 22221, Windberg, um 1160, Taf. 333; Kat. Nr. 186: Clm 22289, Windberg, Mitte bis Ende 12. Jh., Taf. 186. Kat. Nr. 274: Clm 15902, Salzburg, um 1200, Taf. 630, 629. Kat. Nr. 253: Clm 2566, Aldersbach, um 1200, Taf. 565. Deckplatte vom Sarg des Hl. Ulrich, Augsburg, vor 1185, Kath. Kirchenstiftung St. Ulrich u. Afra, – wie Anm. 190.
203 «Nach den verschiedenen Proben der Inschriften . . . ist eine Entstehung im 13. Jahrhundert und gar nach 1248, dem Jahr des Klosterbrandes, ausgeschlossen, wogegen die Zuordnung zu 1143 alles für sich hat.» (schriftliche Mitteilung von Prof. Dr. Bernhard Bischoff an Prof. W. Sage). Derselben Meinung ist auch Dr. Kloos, Staatsarchiv München.
204 Freundliche Mitteilung von Dr. Kloos. – M.P. Deschamps, Etude sur la paléographie des inscriptions lapidaires de la fin de l'époque merovingienne aux dernières années du XIIe siècle. Bull. Monumental 88, 1929, 65 – 86 zum Vergleich.
205 Ebenda, 48, 69.
206 Meichelbeck, Chronicon, 119, 122, 132f.
207 Meichelbeck, Chronicon, 96.
208 F. Renner OSB, Die Benediktbeurer Tochtergründung in Sandau. Kloster Benediktbeuern, Gegenwart und Geschichte, Benediktbeuern 1981, 159.
209 Mon. Germ. Hist., Script. IX, 237.
210 H. Plechl, Studien zur Tegernseer Briefsammlung des 12. Jahrhunderts I, Das Verhältnis zwischen Benediktbeuern und Augsburg im 12. Jahrhundert. Dt. Archiv f. Erforschung des Mittelalters 11, 1954, 422–437.
211 «Tunc fratres quos metus disperserat, & quos iterum Dominus in unum congregavit, conveniunt in virum magistero idoneum, nomine Waltherum, qui non solum Monasticam disciplinam peroptime noverat, sed etiam exterioribus studiis adprime eruditus fuerat. Hic regularis discipline sectator eximius, & magistra auctoritate usus humites provexit, superbos repressit, adhibitaque intus forisque diligentia, docuit eos ordinem servare, discursum vitare, chorum frequentare, seque ipsos per omnia Deo & hominibus irreprehensibiles exhibere. Ipse auxit Monasterium edificiis, possessionibus, personis, & percique pace, qua tam prospere usus est, ut discordia, que pene per XX Annos cum Episcopis Augustensis Ecclesie protracta est, illo modeste agente, cessaret, & querela tumultuantis familie sopita jaceret. Roboravit quoque vigilantiam illius auctoritas summi Pontificis Eugenii III. ac Majestas Domini Imperatoris Counradi III. quorum privilegiis acceptis, libertatem loci munivit & securitatem sui ac familie confirmavit. Quia ergo longo tempore seviens ac omnia sub vertens tempestas horrenda cessavit, pacemque servis suis in circuitu Dominus dedit, dilapsa reparare, dispersa congregare, neglecta curare studeamus . . .» – Mon. Boica VII, 37.
212 Plechl (wie Anm. 210) 437–461.
213 Sage, Testgrabungen, 124; Haas, Beobachtungen, 150.
214 Ebenda, 145.
215 Ebenda, 140.

216 Ebenda, 146.
217 Ebenda, 149.
218 Ebenda, 149.
219 Ebenda, 138.
220 Sage, Testgrabungen, 122.
221 Mindera u. Weber, Schmuckfußboden, 17f.
222 Kier, Schmuckfußboden, 108 mit Lit.
223 Ebenda, 107f. mit Lit.
224 Meichelbeck, Chronicon, 96f.; mit gleichlautendem Wortlaut: P.B. Pez, Thesaurus anecdotorum novissimus tom. III, pars 3, Augusta Vindelicorum 1721, Sp. 613f.
225 Mon. Germ. Hist., Script. IX, 237, – Vgl. Zitat im Text weiter unten.
226 Haas, Beobachtungen, 150.
227 Sage, Testgrabungen, 123.
228 Meichelbeck, Chronicon, 119.
229 Mon. Germ. Hist., Script. IX, 237.
230 Meichelbeck, Chronicon, 122.
231 Baumann, Traditionsbuch, Nr. 43.
232 Ebenda, Nr. 44.
233 Ebenda, Nr. 64.
234 Ebenda, Nr. 94.
235 Ebenda, Nr. 56.
236 Ebenda, Nr. 58.
237 Weissthanner, Schäftlarn, Nr. 166, 167.
238 Baumann, Traditionsbuch, Nr. 40 u. Nr. 37 – mit seinem Bruder Sigismar, der Schmied, um 1150; Nr. 41 – 1151; Nr. 45 – um 1151 –1153; Nr. 73 – um 1160; Nr. 74 – um 1160; Nr. 81 – um 1160; Weissthanner, Schäftlarn, Nr. 166 – um 1170 – 1173 mit Berthold u. Pertrik; Nr. 158 – um 1170 – 1173; Nr. 159 – um 1170 – 1173 mit «filius ejus Hainrich»; Baumann, Traditionsbuch, Nr. 87, – um 1173; Nr. 90, – um 1173; Nr. 88, 89 u. Nr. 97 – 1173 mit Heinrich; Nr. 98 – 1180/83 als «pictor de Pessinbach».
239 Baumann, Traditionsbuch, Nr. 96 – um 1180 – 1183; die anderen Nennungen vgl. Anm. 238.
240 Es ist anscheinend üblich gewesen, daß Maler und Kunsthandwerker eines Klosters auch Aufträge von anderen Klöstern erhielten. So erbittet der Probst Heinrich von St. Pölten vom Abt Ruprecht von Tegernsee (1155–1186) einen Künstler zur Ausmalung seiner Klosterkirche. – M. Hartig, Die mittelalterliche Kunsttätigkeit des Klosters Tegernsee. Stud. Mitt. BO. 60, 1946, 223.
241 Abt Walter unterhielt zum Kloster Schäftlarn gute Beziehungen. Am 24. Feb. ist er dort im Nekrolog eingetragen – P. Lindner, Fünf Profeßbücher süddeutscher Benediktinerabteien, 4 – Benediktbeuern, München 1910, 6f.
242 Sage, Testgrabungen, Schnitt 1, Planum 2,3, 116, Abb. 2.
243 Ebenda, Schnitt 1, Planum 2,2 u. 4; Schnitt 2, Planum 2,12. 116f., Abb. 2.
244 Ebenda, 125.
245 Ebenda, 126.
246 Ebenda, Westprofil Schnitt 2, 2 u. 12, Abb. 4.
247 Ebenda, 125f.
248 Kier, Schmuckfußboden, 50f; siehe Angaben unter den einzelnen Anm. zu jedem Fußboden.
249 Ebenda, 100ff., Abb. 147.
250 Aus'm Weerth (wie Anm. 160) 11 publiziert zum ersten Mal diese Zeichnung.
251 A. Bertram, Hildesheims Domgruft und die Fundatio Ecclesiae Hildensemensis, Hildesheim 1897, 44.
252 Aus'm Weerth (wie Anm. 160) 10.
253 Bertram (wie Anm. 251) 44.
254 Kier, Schmuckfußboden, 102.
255 Aus'm Weerth (wie Anm. 160) 10.
256 Bertram (wie Anm. 251) 46.
257 Kier, Schmuckfußboden, 102.
258 R. Wesenberg, Neue Ausgrabungen zur mittelalterlichen Baugeschichte. Kunstchronik 2, 1949, 36.
259 Kier, Schmuckfußboden, 100, Abb. 40.
260 P.J. Meier, Die Bau- und Kunstdenkmäler des Kreises Helmstedt. Die Bau- und Kunstdenkmäler des Herzogtums Braunschweig 1, Wolfenbüttel 1896, 25.
261 Ebenda, 27.

262 Kier, Schmuckfußboden, 99.

263 Kier, Schmuckfußboden, Abb. 134 u. 135.

264 Wesenberg (wie Anm. 258) 36.

265 Für die freundlichen Auskünfte möchte ich Dr. C. Römer vom Landesmuseum Braunschweig danken. Die hier aufbewahrten Bruchstücke laufen unter der Inv.Nr. VM 5767 und sind folgende: 7 Bruchstücke mit Kopfteilen, 2 Bruchstücke mit Spruchband, 5 Teile eines Kopfes mit Fürstenhut, 6 Teile einer langbekleideten Figur ohne Kopf und Arme, Tierfries mit zwei gegen einander gehenden katzenartigen Tieren mit Rest von Buchstaben, Rest einer dichten Einfassungsranke mit Buchstabe V, zwei Teile derselben Ranke, 9 Teile Bruchstücke eines Ornamentstreifens.

266 Kier, Schmuckfußboden, 99; Meier (wie Anm. 260) 25.

267 C. Römer, Helmstedt. St. Ludgeri. Germania Benedictina, VI Norddeutschland, Ottobeuren, Augsburg 1979, 187.

268 Kier, Schmuckfußboden, 103, Abb. 151–153, 155–157.

269 Ebenda, Abb. 154.

270 H. Giesau, Die ehemalige Klosterkirche in Ilsenburg. Ihre Sicherung und Wiederherstellung. Deutsche Kunst und Denkmalpflege 1939/40, 37.

271 Kier, Schmuckfußboden, 95, Abb. 145 u. 146; K. Becker, M. Brückner u. E. Haetge, Die Stadt Erfurt. Kunstdenkmale der Provinz Sachsen 1, Burg 1929, 232, Abb. 173.

272 Kier, Schmuckfußboden, 93.

273 C.H. Seebach, Kloster Drübeck. Niederdeutsche Beiträge zur Kunstgeschichte 7, 1968, 51f., Abb. 23. Diese Grabplatten auch kurz erwähnt in C.H. Seebach, Kloster Drübeck, Studien zur europäischen Vor- und Frühgeschichte, Neumünster 1968, 347.

274 L. Grote, Die Ausgrabungen in der Schloßkirche zu Nienburg im Jahre 1926. Jahrb. f. Denkmalpflege in der Provinz Sachsen und in Anhalt 1931, 17.

275 Kier, Schmuckfußboden, 130.

275a Inzwischen publiziert: G. Leopold u. E. Schubert, Der Dom zu Halberstadt, Berlin 1984, 81 (Grab 155).

276 H. Wäscher, Der Burgberg in Quedlinburg. Deutsche Bauakademie. Schriften des Instituts für Theorie und Geschichte der Baukunst, Berlin 1959, 47.

277 Kier, Schmuckfußboden, 132.

278 Ebenda, 138f., Abb. 149 u. 150.

279 H.R. Sennhauser, Zum Abschluß der archäologischen Untersuchungen im Münster. Basler Stadtbuch 1974, 90f.

280 Ebenda, Abb. S. 89.

281 Siehe S. 54,56.

282 Siehe S. 54.

283 Katzenellenbogen, Allegories, Abb. 49.

284 Swarzenski, Regensburg, Taf. 12, Abb. 28.

285 Löffler, Schwäb. Buchmalerei, Taf. 20.

286 Siehe S. 54ff.

287 Siehe S. 55.

288 Siehe S. 56.

289 Siehe S. 55.

290 Siehe S. 56.

291 Kier, Schmuckfußboden, 100, Abb. 40.

292 P. Mertin, Das vormalige Benediktinerstift St. Mang zu Füssen im ersten Jahrtausend seines Bestehens. Forschungen zur Bau- und Kunstgeschichte des Klosters von der Gründung bis zum Beginn des Barockbaues, Füssen 1965, 77, meint zur Weihe von 1143 folgendes: «Außerdem erscheint mir das Jahr 1143 keineswegs gesichert. Soweit ich sehe, wird nie eine Quelle für dieses Datum genannt, ich war jedoch bemüht, eine solche in den Klosterhandschriften zu finden. Doch in denen, die mir zugänglich waren, habe ich keine Bestätigung gefunden. So im Jahre 1143 wirklich eine Weihe stattfand, so kann daraus noch nicht auf einen Kirchenneubau geschlossen werden, vielleicht, daß um diese Zeit die Westapsis vollendet war und geweiht wurde.» – Diese Weihe auch genannt von M. Petzet, Stadt und Landkreis Füssen, Bayerische Kunstdenkmale, München 1960, 7.

293 Freundlicher Hinweis von Dr. C. Römer, Landesmuseum Braunschweig.

294 H. Feldtkeller, Das Stiftergrab in der Domruine zu Walbeck. Jahrb. f. Denkmalpflege in der Provinz Sachsen und in Anhalt 1933/34, Burg 1934, 49.

295 Freundlicher Hinweis von Dr. E. Klemm, Staatsbibl. München. «Pavimentum chororum, navis, alarum incrustatione gypsea variis imaginibus olim efficia (od. efficta) eleganter, nunc vero passim effracta, convulsa, contusa et lapidibus sepulchralibus aliisque contecta. Chori primarii adhuc fere integram exhibet matronam gygantea statura auguste sedentem vittatam turrite, expansis brachiis duas exhibet schedas . . . cum hac inscriptione venti circulis (Zeile frei vorgesehen für Inschriftentext) – alia in circumferentia quadraturae ingentis similiter ac super scripta» – zitiert von H. Mayer, Die Kirche des Kollegiatstiftes St. Jakob. Fränkische Blätter 4, 1952 vom 5. April, 28, Anm. 11. Original: handschriftliche Notizen, Würzburg Univ. Bibl. M Mq 92–94. fol. 260 (alt 218).

296 Ebenda, 27.

297 H. Mayer, Die Kunst im alten Hochstift Bamberg und in seinen nächsten Einflußgebieten. I – Bamberg als Kunststadt, Bamberg Wiesbaden 1955, 147.

298 Ebenda, 137–147.

299 Kier, Schmuckfußboden, 14.

300 Ebenda, 50.

301 Pez, wie Anm. 224, Sp. 515: «Post haec pavimentum in choro & Ecclesia vario lapidum artificio decoravit, cujus pavimenti propter ruinas & novas structuras vestigia nulla amplius compareat.»

302 Die Mosaikplättchen wurden von Prof. Sage ausgegraben und sind noch unpubliziert.

303 Kier, Schmuckfußboden, 100.

304 Leopold u. Schubert, (wie Anm. 275a) 69, 74, Abb. 51–57.

305 Kier, Schmuckfußboden, 51.

306 Ebenda.

307 Kier, Schmuckfußboden, 49f. Es handelt sich um Steininkrustationen, wobei die Ritzen mit schwarzem oder andersfarbigem Kitt oder Blei gefüllt waren. Beispielsweise: St. Omer, St. Bertin, 1109 inschriftlich datiert; St. Denis, 2.H. 13. Jh.; Reims, St. Nicaise, Ende 13. Jh; Lyon und Vienne, 12. Jh.

308 Kier, Schmuckfußboden, 51.

309 Lindner, (wie Anm. 241) 6f.

310 M. Seidlmayer, Deutscher Nord und Süd im Hochmittelalter. Diss. masch. München 1928, 102ff.

311 «Utquid saltem sanctorum imagines non reveremur, quibus utique ipsum, quod pedibus conculcatur, scatet pavimentum? Saepe spuitur in ore angeli, saepe alicuius sanctorum facies calcibus tunditur transeuntium. Et si non sacris his imaginibus, cur vel non parcitur pulchris coloribus? Cur decoras quod mox foedandum est? Cur depingis quod necesse est conculcari? Quid ibi valent venustae formae, ubi pulvere maculantur assiduo? Denique quid haec ad pauperes, ad monachos, ad spirituales viros?» – S. Bernhardi Apologia ad Guillelmum abbatem S. Theodorici. J. Schlosser, Quellenbuch zur Kunstgeschichte des abendländischen Mittelalters NF VII, Wien 1894, Nachdruck Hildesheim — New York 1976, 267.

Abbildungsnachweis

Bayerische Staatsbibliothek München: Abb. 31.
Bayerisches Landesamt für Denkmalpflege (Ruppaner): Abb. 6–11, 14, 16, 21, 37, 38, Titelbild.
Boeckler, A., Die Regensburger-Prüfeninger Buchmalerei, München 1924: Abb. 23, 24.
Boeckler, A., Das Stuttgarter Passionale, Augsburg 1923: Abb. 29.
Codreanu-Windauer, S.: Abb. 2, 32–36, 39–42.
Germanisches Nationalmuseum Nürnberg: Abb. 28.
Institut für Denkmalpflege, Halle: Abb. 44–45.
Kulturamt Füssen: Abb. 47–53.

Löffler K., Schwäbische Buchmalerei in romanischer Zeit, Augsburg 1928: Abb. 27.
Romanische Kunst in Österreich, Krems 1964: Abb. 26.
Salesianer Don Bosco, Benediktbeuern: Abb. 1, 3–5, 12, 13, 15, 17–20, 22.
Seebach C. H., Kloster Drübeck. Niederdeutsche Beiträge zur Kunstgeschichte 7, 1968: Abb. 43.
Sennhauser H. R., Zum Abschluß der archäologischen Untersuchungen im Münster. Basler Stadtbuch 1974: Abb. 46.
Staatsbibliothek Bamberg: Abb. 25.
Swarzenski G., Die Salzburger Malerei, Leipzig 19123: Abb. 30.

Anhang

Paul Mertin

Die Füssener Fußbodenfragmente

Geritzte Zeichnungen im mittelalterlichen Fußboden von St. Mang gefunden
5. Vorbericht über die archäologischen Grabungen

Nachdem das gesamte Kirchenschiff wiederum einen gleichmäßigen Bodenbelag mit einer kräftigen Betonplatte als Unterlage für die Heizung erhalten hat, verschwanden auch unsere Grabungsstellen und nichts erinnert mehr an den dokumentarischen Wert, den die Befunde in Ergänzung der mangelnden schriftlichen Überlieferung über die Baugeschichte der Kirche vermitteln, der aber nun in vielen Maßskizzen und Fotos festgehalten ist.

Die Grabungen und Untersuchungen aber gingen weiter, weil auch der Altarraum an die zukünftige Fußbodenheizung angeschlossen werden soll. Dazu wurde noch im August der Marmorfußboden im Presbyterium und dem anschließenden Mönchschor entfernt. Allerdings blieb das große Marmorrund mit dem Stern in der Mitte des Altarraumes liegen, weil hier die größeren Marmorplatten von zahlreichen Sprüngen durchzogen sind und weitgehend zu Bruch gehend dann erneuert werden müßten. Das darunterliegende Altargrab des ersten Magnusaltars entzieht sich also auf weiterhin der Untersuchung. Doch darum herum konnte ich seit Anfang September die Grabungen wieder aufnehmen. Wir begannen zwischen der Chorschranke (Marmorbalustrade) und dem liegengebliebenen Marmorrund. Vom Marmorboden ausgehend fanden wir 10 cm darunter ein Ziegelpflaster, bis 22 bzw. 26 cm einen geschlossenen Gipsboden, der uns noch besonders beschäftigen soll, und bis 32 cm einen Kalkestrich, welcher wohl als der erste und älteste Fußboden im Altarraum anzusprechen wäre.

Während der unentwegte Mitarbeiter, Rudibert Ettelt, seine letzten Ferientage nutzte, um in Weißensee zu graben, konnte ich hier mit dem Gipsboden eine schon sensationelle Entdeckung machen. Zwar hatten wir schon im Kirchenschiff einen Gipsfußboden festgestellt, der aber aus weißen und roten, 28 x 28 cm großen Gipsplatten bestand. Hier im Presbyterium aber zeigte sich ein geschlossener Gipsboden, dessen Besonderheit schon darin bestand, daß sich auf ihm ein trapezförmiges Podium, nur knapp 4 cm hoch hervorhob. Dieses Podium aber war mit eingeritzten Zeichnungen bedeckt, die durch verschieden große Doppelkreise besonders in Erscheinung traten. Das Podium hat heute noch eine Größe mit einer Seitenlänge von rund 1,55 m bei einer Breite am schmalen Ende von 1,65 m und einer vorderen Breite von 2,20 m. Vorn aber ist das Podium nur unvollständig erhalten geblieben. Es wurde offensichtlich abgebrochen als die Barocksteinmetzen ihre Marmorbalustrade setzten. Da das Presbyterium gegenüber dem Kirchenschiff erhöht lag und die Presbyteriumkante die Grenze bildete, kann nicht allzu viel fehlen, und so läßt sich nach den vorliegenden Resten die Anordnung der Kreise mühelos ergänzen.

Außen herum läuft ein Fries, der durch zwei Linien begrenzt wird. In den vier Ecken des Trapezes saß jeweils ein Doppelkreis, dazu in der Mitte des Ganzen ein etwas größerer Doppelkreis. Zwischen den Kreisen in den Ecken befanden sich zum Fries hin noch kleine Kreise mit einem Kreuz. Über dem mittleren großen Kreis befindet sich ein lateinisches Kreuz in der Art des Maltheser – oder Johanniterkreuzes.

Leider ist das ganze Podium stark abgetreten. Ja, der große mittlere Kreis fiel fast ganz einer früheren Maßnahme zum Opfer, indem an dieser Stelle ein sehr großer Kruzifixus, welchen W.S. von Römerstal, der bischöfliche Pfleger auf dem Hohen Schloß, gestiftet hatte und den Abt Martin Stempfle am 21. August 1617 hier aufrichtete. Der Stumpf des Kreuzes steckt noch im Fußboden, der Korpus Christi aber dürfte im großen Kruzifix der Annakapelle erhalten geblieben sein. Jedenfalls kam 1617 dem Gipspodium absolut keine Bedeutung mehr zu, um so bedeutungsvoller aber ist es heute für die mittelalterliche Kunstgeschichte des bayerisch-schwäbischen Raumes. Erst in jüngster Zeit konnten Ritzzeichnungen erstmalig im Fußboden der Stiftskirche zu Benediktbeuern nachgewiesen werden. Füssen ist nun der zweite Fall, in dem diese mittelalterliche Fußbodenzier in Erscheinung tritt. So darf man nun annehmen, daß diese Art der Zier in der romanischen Stilepo-

che einer weitverbreiteten kunsthandwerklichen Übung entsprach. Erinnere ich mich recht, so trat mir vor Jahren in der Literatur ein Hinweis auf einen mittelalterlichen mit Ritzzeichnungen bedeckten Gipsfußboden in Hildesheim entgegen, der aber aus Mangel an Parallelen keinen größeren kunstgeschichtlichen Widerhall fand, nun aber durch Benediktbeuern und Füssen eine hochbedeutsame kunstgeschichtliche Note erhält.

In Benediktbeuern enthalten die Ritze eine dunkle Füllung, welche die Zeichnung deutlicher hervortreten läßt. Das dürfte auch in Füssen der Fall gewesen sein, wie weitere Bruchstücke des Fußbodenbelages nahe legen. In dem abgetretenen Podium mit den Kreisen ist davon zwar nichts mehr vorhanden, aber die tieferen Stellen der Ritzung zeigen unter der Lupe noch Spuren einer bräunlichen Farbe, wohl der letzte Rest der ehemaligen Füllung. Das Kreuz über dem mittleren zerstörten Doppelkreis liegt etwas vertieft, ebenso zum Teil die äußeren kleinen Kreise, so daß auch hier mit einer ursprünglich farbigen Ausfüllung zu rechnen ist.

Was aber bedeuten die Kreise, was für ein Programm verbirgt sich hier im Altarraum hinter den Kreisen? Da kann der Doppelkreis in der linken oberen Ecke vielleicht weiterhelfen. Hier haben sich noch innerhalb des Kreises einige Ritzungen erhalten, die auf ein Brustbild mit Heiligenschein hinweisen, wobei rechts davon zwei gebogene Linien wohl zu einem Flügel ergänzt werden können, anscheinend also ursprünglich das Brustbild eines Engels. Nun gibt es in der mittelalterlichen Buchmalerei zahlreiche Beispiele eines immer wieder gemalten Programms, bei dem in den vier Ecken der Buchseite regelmäßig die in Kreise gesetzten Symbole der vier Evangelisten erscheinen und zwar für Matthäus ein Engel, für Markus ein Löwe, für Lukas ein Stier und für Johannes ein Adler, während in der Mitte zumeist in einer ausreichend Platz bietenden Mandorla der segnende Christus thront. Bildet die Mitte jedoch ebenfalls einen Kreis, so erscheint für Christus meistens das Lamm. So glaube ich, daß den Kreiszeichnungen unseres Gipspodiums das gleiche Programm zu Grunde lag. Doch entspricht meine Deutung nur einer Möglichkeit, die aber die größte Wahrscheinlichkeit in sich bergen dürfte.

Wegen der Fußbodenheizung muß das Podium abgetragen werden. Dr. W. Haas vom Bayerischen Landesamt für Denkmalpflege wurde herbeigerufen. Er war von unserer Entdeckung so stark eingenommen, daß er mit einem Spezialisten die Frage klären will, ob das Podium zum Zwecke der Erhaltung in seiner Ganzheit abgenommen werden kann. In Fotos und Maßskizzen habe ich den Zustand vorerst festgehalten. Es wäre aber nur zu wünschen, wenn die Erhaltung durch Abhebung des leider sehr brüchigen Materials gelingen könnte.

Ein mittelalterlicher Prunkfußboden in St. Mang
6. Vorbericht über die archäologischen Grabungen

Im Anschluß an die Aufdeckung des trapezförmigen Podiums mit den Ritzzeichnungen wurden die Ausgrabungen an der Nord- und Südwand des Presbyteriums fortgesetzt. Darüber wird noch besonders zu berichten sein. Vorerst sollen uns nur die zahlreich dabei gemachten Funde beschäftigen, welche mit dem geritzten Podium in Zusammenhang stehen dürften und unsere Kenntnis über mittelalterliche Fußbodenzier in ungeahnter Weise erweitern. Zwar sind es nur Bruchstücke, die von dem ehemaligen Fußbodenbelag zu Tage kamen, sie stellen jedoch die Sensation des besagten Podiums trotzdem noch in den Schatten.

Es fanden sich Bruchstücke mit ornamentalen farbigen Gipseinlagen, einer Technik, welche im Barock ihre Blütezeit hatte und unter dem Namen «Scagliolakunst» bekannt ist. Die Kunstgeschichtsforschung hat bereits soviel Normen gesetzt, daß ich meinen Augen nicht trauen wollte, als ich plötzlich Stücke in der Hand hielt, die in Scagliolatechnik ausgeführt waren, hier aber dem Mittelalter angehörten. Als Dominikus Zimmermann, der Erbauer der Wies, von 1708 bis 1716 in Füssen ansässig war, hat er im weiten schwäbischen und bayerischen Raum zahlreiche Scagliola geschaffen, hier im St. Mangkloster z. B. einen Kaminaufsatz in einem Eckzimmer. Der Hauptunterschied besteht darin, daß die Scagliolakunst des Barocks durchweg an stehenden Objekten, liegend allenfalls bei Tischplatten, jedoch nie bei Fußböden zur Anwendung kam. Zudem wurden die Barockscagliola fast immer in besonderem Verfahren auf Hochglanz poliert. Die aufgefundenen mittelalterlichen Einlagearbeiten in farbigem Gips aber waren ausschließlich bei der Fußbodenzier zur Anwendung gekommen, im übrigen wohl auch unpoliert im naturgegebenen matten Zustand belassen worden. Die Einlegetechnik selbst ist in beiden Fällen durchaus dieselbe.

Bei den Funden handelt es sich einmal um ein Bruchstück, in das ein palmettenähnliches Gebilde, auf einer Kreislinie stehend, aus braunem Gips in einen weißen Grund eingelegt ist, das zudem rechts noch von einer dünnen geritzten Linie begleitet wird. Des weiteren handelt es sich um ein Bruchstück mit dem Rest eines Laubwerkes in auslaufender Spitze, wovon sich noch rechts eine kurze Kreislinie anschließt, alles in roter Gipseinlage. Die Bruchlinie zeigt ebenfalls noch Reste einer ehemaligen roten Einlage, während der Bruch rechts wiederum einer ehemaligen kreisförmigen roten Einlage folgt. Am unteren Ende zeichnet sich unter der kurzen verbindenden Kreislinie noch eine dünne geritzte Linie ab. Unmittelbar darunter, an der Bruchlinie, wird zudem noch der Rest einer scharfkantigen Mulde sichtbar, es ist der Rest einer ehemals andersgearteten Einlage, auf die ich im nächsten Abschnitt besonders zurückkommen werde.

Zu diesen beiden Stücken kommen weiterhin noch zwei Friesstücke mit rotem Dreiecksmuster in weißem Grund, wobei die rote Einlage in einem Streifen durchläuft, die weißen Dreiecke wiederum gesondert eingelegt wurden. Das Bruchstück mit den kleineren Dreiecken geht mit einer leichten Rundung parallel zum Muster in eine glatte Kante über, wie das in gleicher Weise auch das trapezförmige Podium zeigte. Das Bruchstück mit den größeren Dreiecken zeigt an der vorderen Bruchkante noch Reste einer schwärzlichen, ebenfalls parallel verlaufenden Einlage. Insgesamt also in stets weißem Grund Gipseinlagen, deren Farbskala rot über dunkelbraun bis schwarz reicht. Die weiße Materialstruktur des Gipsmörtels ist bei den Fundstücken die gleiche wie bei dem trapezförmigen Podium. So glaube ich, daß ursprünglich auch alles dem gleichen Fußboden angehört haben muß. Ebenso finden sich hier wie dort die gleichen gerundeten Kante, welche den Eindruck vermitteln, daß die mit Ritzzeichnungen und Einlage gezierten Fußbodenteile eine ähnliche Wirkung wie aufgelegte Teppiche hervorgebracht haben dürften.

Die Scagliolakunst unserer mittelalterlichen Fundstücke steht völlig allein da. Dergleichen sind bisher nicht bekannt geworden, und so dürfte diese Technik für das Mittelalter erstmalig in Füssen nachgewiesen sein. Die Scagliolakunst des Barockzeitalters wird, wie schon der Name sagt, auf Italien zurückgeführt, da die Technik, wie Füssen zeigt, jedoch im Mittelalter bereits nördlich der Alpen in Gebrauch ist, entsteht die Frage, ob die Technik nicht auch hier erfunden wurde, vielleicht ihre Anregung jedoch durch die Mosaikfußböden Italiens erhalten hatte. Den sogenannten Cosmaten Roms, die im Mittelalter Marmor- und Mosaikarbeiten auch bei Fußböden miteinander zur Anwendung brachten, gesellen sich offensichtlich hiesige Meistergruppen zu, die durchaus eigenständig arbeitend mit heimischem Material Prunkfußböden zu schaffen vermochten. An der geringen Dauerhaftigkeit des Materials liegt es, daß bisher so wenig oder gar nichts von ihren Leistungen auf uns gekommen ist. Jedenfalls wird für die Kunstgeschichte nunmehr mit Füssen eine völlig neue Seite mittelalterlichen Kunsthandwerks aufgeschlagen. Ritzzeichnungen in Zusammenhang mit farbigen Einlegearbeiten, das ist die große Überraschung, welche der Fußboden des Altarraumes von St. Mang für uns bereit hielt. Doch ist die Vielfalt der Füssener Fußbodenzier damit noch nicht erschöpft, wie der nächste Beitrag zeigen wird.

Zierstücke römischer Herkunft im Fußboden von St. Mang
7. Vorbericht über die archäologischen Grabungen

Neben den farbigen Gipseinlagen im mittelalterlichen Fußboden des Altarraumes gab es noch Einlagen aus Glas- und Tonscherben. Ob dabei das System eines Musters dahinter stand, oder ob die Scherben nur als Farbtupfer auf weißer Fläche wirken sollten, muß dahin gestellt bleiben, da die Funde nur aus Bruchstücken bestehen und zu wenig hergeben, Sicheres aussagen zu können. Jedenfalls wurden als besondere Einlagen Scherben verwendet, die von Terra-Sigillata-Gefäßen stammen und sicher nur wegen ihrer intensiv roten Farbe zu dieser Ehre gekommen waren. Bei der Terra sigillata handelt es sich um antik – römisches Geschirr, das aus roter Tonerde fest gebrannt ist und einen schönen matten Glanz besitzt. Doch kommt es in größerem Umfang nur dort vor, wo Römer gesiedelt haben.

Da die Römerstraße Via Claudia Augusta über Füssen ging und seit die Grabungen 1955 auf dem Schloßberg das römische Kastell «Foetes» nachgewiesen haben, ebenso in Faulenbach eine römische Villa festgestellt ist und an der Hornburg bei Schwangau eine römische Siedlung bestand, gab es im Mittelalter wohl ausreichende Möglichkeiten römische Terra-sigillata-Scherben zu sammeln. Ja, selbst an der Stelle des Klosterbaues von St. Mang dürften noch Ruinen aus römischer Zeit gestanden haben, in und aus denen Magnus seine Zelle errichtet haben dürfte, so daß römische Scherben zu finden auch hier noch gegeben war.

Von dem ehemaligen Fußbodenbelag haben wir ein Bruchstück mit zwei eingebetteten Terra-sigillata-Scherben, außerdem ein einzelnes, sicher aus seiner Bettung herausgefallenes Scherbenstück. Ein zweiter roter Scherben verschwand spurlos. «Souvenirsammler» können zu einer weniger erfreulichen Begleiterscheinung auf Grabungsstellen werden. Die Sigillatascherben sind ohne Reliefverzierung und Herstellerstempel, was auf frühe (Arretinische) Stücke hinweisen, wegen der geringen Zahl aber auch nur Zufall sein kann. Damit komm ich nochmals auf das Fußbodenbruchstück mit dem rot eingelegten Bandornament zurück, bei dem sich am unteren Bruchende eine scharfe, glatte Mulde abzeichnet, worauf ich schon hingewiesen hatte. Da die Tiefe des Muldenbettes mit der Stärke der Terra-sigillata-Scherben übereinstimmt, bin ich überzeugt, daß hier ursprünglich ebenfalls ein solcher roter Scherben saß. So liefern die scagliolaverzierten Bruchstücke einmal die Verbindung zu den Ritzungen und zum andern auch zu den Sigillataeinlagen. Neben Scagliola auch Inkrustationen mit römischen Scherben.

Zu den Sigillataeinlagen kommen aber auch noch eingelegte Glasscherben. Da diese fest aufliegen und das durchscheinende Licht fehlt, wirken sie fast schwärzlich. Ich dachte zuerst an unser heimisches grünes Waldglas, das im Mittelalter herstellt wurde. Die Reinigung der Fundstücke aber zeigte, daß hier, zumindest zum Teil, ebenfalls Glas römischer Herkunft verwendet wurde. Es handelt sich um Scherben von Hohlgläsern, die zwar schwarz wirkten, wohl aber aus blauem Glas bestanden, dazu aber bandartige helle Schlieren aufweisen, die dadurch entstanden sind, indem weiße Glasfäden noch in heißem Zustand eingewalzt wurden.

Die Glasherstellung, ursprünglich farbigen Glases, gelang zuerst den Ägyptern, wurde jedoch noch in vorchristlicher Zeit in Süditalien und anschließend in Südfrankreich bekannt. Mit den Römern gelangte eine vielfältige und formenreiche Glasmacherkunst auch in das römische Germanien. Köln und seine Umgebung wurde in der römischen Kaiserzeit ein Zentrum der Glaskunst. Ob von den Römern auch im Füssener Land Glasgefäße hergestellt wurden ist fraglich, möglich kann es vielleicht in der Handwerkersiedlung an der Hornburg bei Schwangau gewesen sein. Durch Export aber kamen Gläser sicher in die römischen Niederlassungen des Füssener Landes. Die als Einlagen in mittelalterlichen Fußböden von St. Mang verwendeten römischen Glasscherben stammen ohne Zweifel von denselben Plätzen, an denen man auch die Sigillatascherben aufgesammelt hatte. Es ist höchst erstaunlich, daß Glas- und Terra-sigillata-Scherben aus den allerspätestens im 5. Jahrhundert verlassenen römischen Siedlungsplätzen im mittelalterlichen St. Mangbau, also nach 600 Jahren, nochmals Auferstehung feiern und bei der Fußbodenzier Wiederverwendung finden konnten. Doch mit dem Untergang des römischen Weltreiches war die Fabrikation der Terra-sigillata sowie die Glaskunst weitgehend zum Erliegen gekommen und der Abstand mag gerade dazu beigetragen haben, Scherben dieser römischen Epoche als etwas Besonderes anzusehen, um sie als erwünschte Farbflecke bei Prunkfußböden wieder zu verwenden. Auch dafür ist mit eine Parallelerscheinung nicht bekannt, womit Füssen wiederum ein erstes Beispiel liefert. Wie sich das alles im Schmuckbild des Fußbodens ausgewirkt haben wird, läßt sich nur erahnen, aber nicht mehr feststellen, da wir nur Bruchstücke haben und nichts mehr die richtige ursprüngliche Anordnung verrät. Der Fundkomplex enthält jedoch noch weitere, immer wieder neue Fragen aufwerfende Stücke, darüber im nächsten Beitrag.

Die Auffüllungen zwischen den Ostchorgrundmauern und den inneren Kryptamauern an der Nord- und Südseite des Altarraumes bargen noch weitere Fußbodenbruchstücke, deren Zusammenhang mit den bisher besprochenen Stücken sehr wohl möglich, aber nicht unbedingt sicher ist. So fanden sich Bruchstücke von Stuckmarmorplatten, jedoch eine vollständige Platte leider nicht. Nun hatten wir ja schon einen Fußbodenbelag aus weißen und roten Gipsplatten im Kirchenschiff gefunden. Die dort verlegten roten Platten zeigen zwar auch eine Marmorierung doch nur in einer etwas verwaschenen Ton in Ton gehaltenen Struktur. Die Plattenbruchstücke aus der Altarraumgrabung aber weisen eine Farbskala auf, die von hellen gelblichen Tönen über unterschiedliches Rot bis zu dunkelbraunen Tönen reicht, wobei sich die einzelnen Farbtöne sichtbar von einander absetzen. Hier also, im Gegensatz zu den Kirchenschiffplatten, eine bessere und gekonnte Marmorierung. Das weniger Vollkommene im Schiff war in diesem Falle aber kaum der Anfang oder das zeitlich ältere, sondern der Marmorierer im Altarraum war nur der größere Könner. Auffallend dazu ist, daß im Altarraum anscheinend nur Stuckmarmorplatten zur Verwendung kamen, von weißen Platten fand sich nicht ein einziges Stück.

Die Blütezeit des Stuckmarmors beginnt im 17. Jahrhundert und ist für das 18. Jahrhundert geradezu charakteristisch, doch zur Anwendung kam er bei Fußböden kaum, sondern vor allem bei stehenden Objekten. Die Frage ist nun, ob man den mittelalterlichen Stuckatoren, welche ja die Scagliola schufen, auch die Stuckmarmorplatten zutrauen darf. Ich glaube in technischer Beziehung sicher, die Anregung dazu aber dürften die echten Marmorböden der Cosmaten Roms vermittelt haben. Doch kann die Zugehörigkeit der Stuckmarmorplatten zum mittelalterlichen Prunkfußboden aus Mangel jeglicher Parallelen nur sehr bedingt beantwortet werden.

Ich will mich auch nicht endgültig festlegen, immerhin aber die Indizien aufweisen, welche für die Zugehörigkeit sprechen. Die Bruchstücke der farbigen Stuckplatten fanden sich in der Auffüllung vergesellschaftet mit den Scagliolastücken und den Inkrustationen römischer Herkunft. Unter den Gesamtfunden der Altarraumgrabung gibt es im übrigen kein Objekt, welches dem Barock angehören könnte. Nur Bruchstücke eines Terrakotta-Fenstermaßwerkes aus der Zeit der Gotik sind die zeitlich jüngsten Funde, welche die Grabung zu Tage brachte, alle anderen Funde weisen in die romanische Stilperiode. Es gibt möglicherweise sogar einen Hinweis, wie und wo die Stuckmarmorplatten ehemals verlegt gewesen waren. An das trapezförmige Podium mit den Kreisritzungen eines ikonographischen Programms schließt sich rechts und links ein glattgestrichener Mörtelestrich an, von dem das Trapezpodium 3,5 bis 4 cm vorsteht, ein rechtes Holperpodium. Bei der Fülle des sonstigen aufgewendeten Fußbodenschmuckes fällt nun auf, daß dieser Estrich völlig unverziert ist. Das ist schon deswegen auffallend, weil wir auch Estrichbruchstücke mit ornamentalen Ritzungen gefunden haben. Der an das Podium anschließende unverzierte Estrich könnte jedoch als Unterlage für die Verlegung der Stuckmarmorplatten gedient haben, wodurch das Trapezpodium und zudem auch die Teile mit der Scagliolazier durch die anstoßenden Platten nur mehr mit der schwachen Rundung vorgestanden hätten. Eine Vermutung vorerst nur, die sich aufdrängt, jedoch zutreffend sein kann. Das geritzte Podium und die Scagliola, beides auf weißem Grund, eingefaßt von bunten Stuckmarmorplatten; welch einen großartigen Eindruck muß dann der mittelalterliche Prunkfußboden im Altarraum von St. Mang gemacht haben. Für die Kunstgeschichte ein erster und einmaliger Nachweis mittelalterlicher Fußböden mit ungewöhnlich vielseitigen Schmucktechniken, die sodann nicht nur auf Füssen allein beschränkt haben können. Aber das kleine bischofseigene Kloster zu Füssen ist bisher in seiner Bedeutung für das Mittelalter gewiß immer etwas unterschätzt worden, deshalb im nächsten Beitrag noch einiges darüber.

Die für den Schmuck des mittelalterlichen Fußbodens im Altarraum angewandten Techniken haben sich als erstaunlich vielfältig erwiesen. Ergänzend ist nur noch zu vermerken, daß die Ritzzeichnungen bei dem trapezförmigen Podium insofern noch eine Parallele erhielten, als sich auch Bruchstücke fanden, die ebenfalls Ritzzeichnungen aufwiesen, denen aber kein ikonographisches Programm zu Grunde lag, sondern sie gehörten offensichtlich zu einem aus Kreissegmenten gebildeten Ornament. Es fällt dabei auf, daß manche Linien erst geritzt oder nachgeritzt wurden, nachdem die Oberfläche schon etwas abgebunden hatte. Es ist aber nicht daran zu zweifeln, daß es sich ebenfalls um Fußbodenbruchstücke handelt. Dazu kommen noch Fußbodenbruchstücke mit einem Falz von etwa 1,5 cm Tiefe, der zwischen 1 und 1,5 cm breit ist und an konkaven Kanten sitzt. Diese Falzstücke sind schwer zu erklären, sie scheinen einen Kreis umfaßt zu haben.

Bei allen Fundstücken, einschließlich des in situ gefundenen Podiums, besteht der Träger für sämtliche Ziertechniken aus einem Kalk-Gips-Mörtel, der auf einen unebenen steinigen Grund aufgetragen worden war. Bei dem trapezförmigen Podium und den Scagliolastücken überwiegt der Gipsgehalt bei weitem und hat nur geringfügige feinsandige Beimengungen, während bei den anderen Stücken die sandigen Beigaben reichlicher vorhanden sind. In den ersteren beiden Fällen der höhere Gipsgehalt, weil das für die weitere Bearbeitung günstiger war. Der Mörtelkern für die verschiedenen Ziertechniken ist nicht einheitlich, doch wiederum nicht so unterschiedlich, daß die Zusammengehörigkeit in Frage gestellt werden müßte. Bei allen Fußbodenfunden war die Oberfläche mit Gips geschlämmt gewesen, z. T. allerdings nur noch in Spuren vorhanden, weil alles stark abgelaufen ist. Außer dem noch in ursprünglicher Lage angetroffenen Podium, haben wir leider nur Bruchstücke gefunden. So dürfte mit letzter Sicherheit kaum zu entscheiden sein, ob alles dem gleichen Fußboden angehörte.

Beigefügte handschriftliche Notiz von P. Mertin:

Bei dem in situ gefundenen Podium besteht der Träger für die Ritzungen aus Gips. Die Gipslage ist 2–3 cm stark und auf eine dicke grobkiesige geröllig ebene Mörtelschicht aufgetragen. Das gleiche dürfte auch bei den Fußbodenteilen mit der Scagliola der Fall gewesen sein, von denen wir leider nur Bruchstücke besitzen. Die besondere Gipsauflage rechtfertigt sich hier ohne weiters, weil der Grund für die Einbettung der farbigen Gipseinlagen mit der weißen Gipsschicht herausgeschnitten werden mußte. Auch das trapezförmige Podium mit dem geritzten ikonographischen Programm, dürfte ursprünglich farbige Gipseinlagen besessen haben. Anders ist es bei den Fußbodenbruchstücken mit den Inkrustationen. Da wurde unmittelbar auf die Steinunterlage nur ein sandiger Mörtel aufgetragen, dessen Oberfläche mit Gips geschlämmt wurde, ... die Inkrustationen eingedrückt wurden. Die Unterschiede in den Kernlagen stellen die zeitliche Zusammengehörigkeit zu einem Fußboden keineswegs in Frage. Die Stuckmarmorplatten verlangten von vornherein einen ebenen Estrich als Unterlage. Die oben vorgestellten Bruchstücke mit ornamentalen Ritzungen bestehen ebenfalls nur aus einer Mörtellage, die aber auf eine ebene Unterlage aufgetragen wurde. Bei diesen ornamental geritzten Teilen handelt es sich vielleicht um eine nachträgliche Ergänzung einer Fehlstelle im Fußboden. Da nur lose Bruchstücke vorhanden sind, ist mit letzter Sicherheit kaum zu entscheiden, was ehemals zum gleichen Fußboden gehörte.